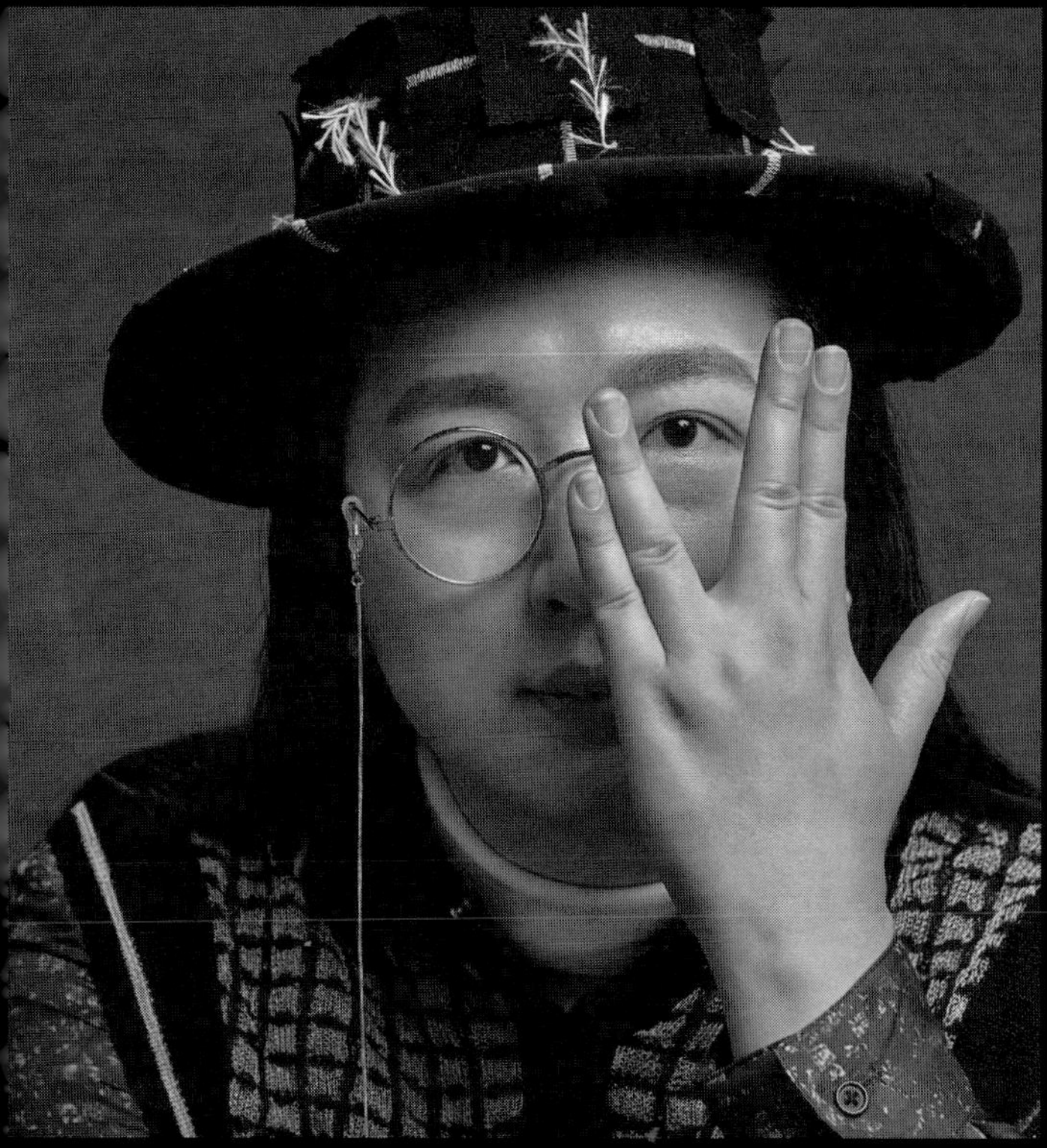

オードリー・タンの思考

IQよりも大切なこと

近藤弥生子 *Yaeko Kondo*

ブックマン社

「雖然要生出
一個天才很難，
但讓每個人心裡
都住進一個小唐鳳」

はじめに

「一人の天才を生むことは難しいが、
一人一人の心に
小さなオードリー・タンを宿そう」

垣根の無い人――オードリーとの出会い

台湾のデジタル担当大臣、オードリー・タン（唐鳳《タン・フォン》）に今、日本から熱い視線が注がれている。２０１６年に台湾史上最年少の35歳で入閣した際には、中学中退という学歴やトランスジェンダーであることも話題になった。２０１９年には、主に国際情勢を扱うアメリカの有名雑誌『Foreign Policy』で〈世界の頭脳１００〉に選出された。現役のハッカーでもあり、台湾では「ＩＴ界の神」と呼ばれて久しい。

私が、日本のYahoo!ニュースの特集記事〈国民が参加するからこそ、政治は前に進める――38歳の台湾「デジタル大臣」オードリー・タンに聞く〉（２０１９年12月公開）の執筆のため、彼女へのインタビューを行ったのは、２０１９年10月のことだった。

取材を申請後、わずか2日後に「ＯＫ」の返事が来た。当初は2時間を予定していた取材時間も、彼女から1時間の延長を申し出てくれた。さらに、大臣としてのオフィスがある行政院（日本の内閣と各省庁を併せたものに相当）の購買部に行って撮影をしたいと頼むと、快諾するばかりか自分の財布からお金を出してお菓子を買い、「皆で食べましょう」と言う。なんて垣根の無い人なんだろう、日本にこんな感じの大臣はいただろうか、と頭の中がふわふわした。

Yahoo!ニュース特集のインタビューの際、行政院内にあるオードリーのオフィス入口にて。左から、Yahoo!ニュース特集編集部の安藤智彦さん、筆者、オードリーさん、通訳の張克柔さん、同じく編集部デスクの神田憲行さん、フォトグラファー松田良孝さん。

この特集記事は公開されるとたちまちアクセス数が伸び、Yahoo!のトップページに掲載されるまでとなり、おかげでたくさんの反響を得ることができた。特に多かったコメントが、「オードリーさんのような方がデジタル担当大臣をしている台湾がうらやましい」、「オードリーさんを入閣させた台湾社会が素晴らしい。日本では到底無理だ」という内容のものだった。

たまたま海外在住になった一人の日本人として、そして一人の書き手として、私はいつも「日本のために」文章を書いている。「台湾が素晴らしい」ということだけでなく、「日本社会のために、参考にできると思ったことを伝えたい」という姿勢だ。

私が台湾に移住したのは、2011年2月のことである。現地に駐在していた前夫との結婚を機に、7年間勤めた東京の出版社を辞め、台湾で暮らし始めた。長男を妊娠・出産後6ヵ月目からは、就労ビザを得て現地のデジタルマーケティング企業で日系企業の台湾進出をサポートするプロデューサーとして働き始めた。その後、離婚してから約6年間を台湾でシングルマザーとして過ごした。2018年に縁あって台湾人の夫と再婚してからは、独立して編集プロダクションを設立し、個人的には編集・ライターとしても活動してきた。

暮らし始めた頃は様々な場面で日本との違いばかりに気を取られていたが、働き出すようになってからはIQ（知能指数）よりEQ（心の知能指数）を大切にするところ、会社とは「仕事」ではなく「商売」をするための場所だという考え方など、これまでの既成概念が覆され、勉強になることばかりだった。キャリアに対する考え方もまったく違う。たとえば、「会社に骨を埋める」などという考え方は存在せず、優秀な人材はより良い条件や成長できる環境を求めて2〜3年で職場を変えていく。「ずっと同じ場所にいると、そこにしがみついているように思われる。給与が歩合制だったら残ってもいいけど」というのが、彼らの言い分だった。

台湾人の同僚たちは、メンツを大事にしつつも討論に感情を持ち込まない。「合理的かどうか」を判断基準として話を進める。そして、決まったことは小さく始めて大きく育てようとする。失敗しそうだと思ったらすっぱり諦め、その経験を糧にして次の何かを始める。失敗はチャレンジしたことの証であり、他人の失敗を分析こそするものの、嘲笑《あざわら》うような雰囲気はほぼ無い。だから、何かを生み出すスピードが日本とは比べものにならないほど速い。これは面白い、目が離せないと思った。

それと同時によく感じていたのは、多くの日本人の台湾に対するイメージが、どうやら十年以上も前のまま更新されていないということだった。端的に言えば、「台湾は皆が親日で物価も安く、のんびりした雰囲気で、どこか昔の日本のようにノスタルジックな場所」という既成概念が根付いている。だが、私の目の前で台湾はものすごい速度でダイナミックに変化しており、現在の台湾の姿はそうしたイメージとはかけ離れていることに、もどかしさを感じていた。少し前までは、日本のメディアに「台湾から学ぶ」という趣旨の企画を提案しても「日本が台湾から学ぶというのは、しっくりこない」と却下されることが多かった。

だが、そんな状況は予期せぬ世界規模の災厄の訪れをきっかけに一新されることになる。

コロナ禍で変わった台湾の「存在感」

先のYahoo!ニュースの特集記事が公開された直後、世界を大きく変える出来事が起きた。新型コロナウイルス感染症の大流行だ。

コロナ禍において台湾は、かなり早い段階（2020年3月）でウイルスの感染拡大の封じ込めに成功した「防疫の優等生」として讃えられただけでなく、〈Taiwan Can Help〉というスローガンを掲げて他国にマスクや防疫物資を寄贈するといった行動に出て、世界に向けて大きな存在感を示した（台湾との国交が無い日本にも、有志を通じて200万枚のサージカルマスクなどの物資が寄贈されている）。

以来、この原稿を書いている2021年1月の時点に至るまで、そういった台湾の姿を紹介したいという日本のメディアからの依頼が立て続けにあり、寄稿や出演、登壇という形で参加するようになった。私は、この変化を日本社会が前進するための大きなチャンスだと捉えている。「埋めなければならないギャップに気付くことこそが、成長の始まり」だと考えているからだ。そしてそこに自分が貢献できることがあるなら、積極的に行動したい、そう思って2020年を過ごしてきた。

一人一人の心に、小さなオードリー・タンを宿す

私は2020年4月に日本のメディアに寄稿した中で、こう書いたことがある。

「日本にもオードリー・タンはきっといる。肝心なのはそのような人材が、たとえ皆が思い描く政治家のイメージと幾ばくか違っていたとしても、より良い社会のためにその人物を起用できるかということだ」〈インタビューで垣間見たオードリー・タンの素顔〉（2020年4月ニッポンドットコム）

この記事を読んだ方から「彼女の0.01%くらいかもしれないけど、いろんな人の力になれる小さなオードリー・タンでありたいと思う」という感想を頂き、ハッとした。自分ではない「誰か」を探すより、もし誰しもが心の中にオードリー・タンを宿すことができたなら。そんな人を社会に増やすことができたなら。社会がもっと居心地の良いものになると確信した。

このような経緯から、人生初の著書のコンセプトが私の中で生まれた。

「一人の天才を生むことは難しいが、一人一人の心に小さなオードリー・タンを宿そう」

本を書くためにオードリーへのインタビューが始まった初日、このコンセプトでいきたいと率直に伝えると、彼女は「それは良い」と頷《うなず》き、こう言った。

「これからあなたが本を出す前に、少なくとも2つの日本の出版社から私に関する本が出ます。どちらも私の過去の仕事を作品集のようにまとめ、通っていた幼稚園のことまで細かく書いてくれたものです。あなたの話を聞いていると、読者が社会改革や革新に参加できるようになってもらいたいという、〝ソーシャル・イノベーション〟がテーマである点が、それらの本と違うように思えます」

とたんに、私がぼんやりとイメージしていた「自分の中に小さなオードリー・タンを宿す方法」の一つが、彼女が今、台湾政府の中で推進している「ソーシャル・イノベーション」であると気付き、一気にこれから書くべきことのイメージの解像度が上がった。

彼女の人生をまとめる伝記ではなく、これまでの日々に彼女が何を思い、どのように考え、どう行動しているかについて考えてみたい。これが、政治ジャーナリストではなく生活者視点で物書きをしている私が、本書を書くにあたって大切にしたことである。ただ、あくまで私が見た彼女の姿であり、もしかしたら読者がイメージするオードリーと違う姿が描かれているかもしれないことをご了承頂きたい。

本書を手に取ってくださった方の心に、少しでも「何か」が宿ることを願って。

著者

本書は書下ろしですが、一部、著者が以下の媒体に寄稿したものから抜粋、
大幅に加筆修正しています。

●Yahoo!ニュース特集「国民が参加するからこそ、政治は前に進める
――38歳の台湾「デジタル大臣」オードリー・タンに聞く」(2019年12月12日)
https://news.yahoo.co.jp/feature/1517

●ニッポンドットコム「インタビューで垣間見たオードリー・タンの素顔」(2020年4月10日)
https://www.nippon.com/ja/japan-topics/g00850/

●週刊文春WOMAN「岡村靖幸×オードリー・タン対談」
「台湾現地レポート:コロナ封じ込め成功の背景
なぜ台湾はオードリー・タン大臣を生み出せたのか?」(2020秋号)

●Penオンライン
「閣僚もピンクのマスク姿で登場、ジェンダーフリーな台湾を表す見事なユーモア」(2020年4月30日)
https://www.pen-online.jp/news/culture/respecialsinga0430/1
「アーロン・ニエのグラフィックが示した、台湾のデザイン力。」(2020年5月12日)
https://www.pen-online.jp/news/design/specialfromtaipei02/1
「某ティッシュ会社の実態も暴いた、企業の環境汚染履歴が丸わかりのアプリとは。」(2020年8月14日)
https://www.pen-online.jp/news/culture/specialtaiwan08/

※本書では、中国大陸から漢民族が台湾に移民した17世紀以前から台湾で暮らしていた人々について、「原住民族」という言葉を使用しています。中国語で「原住民族」とはもともと暮らしていた民族という意味であり、差別的な意味を持ちません。一方、「先住民族」はすでに失われた民族という意味を持ちます。
※1元(ニュー台湾ドル)=約4円で記載しています。

第1章 オードリー・タンという人物、その存在

オードリー・タンは台湾の希望

日本のメディアでオードリーについて紹介させてもらうたび、「オードリーさんのような大臣がいる台湾がうらやましい」という感想を数多く頂く。確かに、台湾人は口々に「オードリー・タンは台湾の希望」と語る。それは彼女が天才的な頭脳や技術を持ちながらも、自らを「公僕《こうぼく》（公衆に奉仕する人のこと。一般的に公務員を指す）の公僕」と称し、公益のために身を投じ続けていることに対する賛辞だ。

私は台湾に移住してから、「台湾は常に、手に持っているカードで精一杯戦っている」と節々で感じている。強国・中国の存在を常にすぐそばに感じ、世界から国として認められないことによる不利益を飲み込みながら、くじけることなく、自分たちにどれだけ実力があるかを国民や世界に対して示そうとしている。

オードリーの実績や突出した能力に注目し、確固たる姿勢で大臣として迎え入れる台湾政府の姿からは、そのトップに立つ人々の柔軟性と、台湾の実力を高めることを最優先事項に据えた強い意思を感じてやまない。そしてこれこそ、私たち日本が学ぶことのできる姿勢なのではないかと思う。

オードリーが得意とすること

オードリーの突出した能力は多々あれど、彼女は、自分が最も得意とするのは「共同編集」と「協業」だと言う。しかもそれは、インターネット的な、そしてオープンソース的な取り組みだ。オープンソースとは、ソフトウェアを作った際のソースコードを無償で公開し、誰にでも自由に編集・再配布できるようにしたもののこと。今でこそ主流であるが、インターネットが誕生してからしばらくは、ソフトウェアのソースコードは開発元しか知り得ないものだった。オードリーはオープンソースが誕生した頃から、その推進活動に加わってきた。

「意見が対立している様々な立場の人々が、共通の価値観について話し合うこと。それは私が最も長い間取り組んできた得意分野です。それは、インターネットがスムーズに運用されるための基本的な要件でもあるのですよ。インターネットは、鉄道や公共道路のように実体があるものではありませんから、開発者や通信会社に対して何かを強制することはありません。命令に従わない場合は警察や軍隊を派遣するといった、伝統的な権力行使とはまったく異なります。

ですから私たちがインターネット上で仕事をする時には、〝この方向性ならどちらにとっても悪くないから受け入れられそうだ！〟といった、大まかな合意に至るだけでいいのです。そのための方法として、複数の利害関係者が対等に合意形成のために議論する〈マルチステークホルダー・プロセス〉というものがあります。

インターネット上で議論する利点は様々あります。モニタを介しているので、いきなり相手から暴力を振るわれるといった物理的な脅威がありません。それに、画面を隔てていることで、比較的落ち着いて考えることができます。プラットフォーム上で何か討論が行われている場合も、リアルな会議のように一堂に会するわけではありませんから、自分のペースで参加することができますし、わからないことがあれば、相手の話を遮ることなく質問することができます。議題に関連する参考リンクがあればそれを送ることもできますし、誤字があれば自分で直接修正してあげることも可能です。参加者による共同編集ですね。他の人は、私がオンラインになるのを待たなくてもいいですし、私も誰が集まっているか確認せずに作業することができます。同時に作業する必要がないので、時差も考慮しなくてよくなります。これによって、リアルな会議よりもずっと誰もが内容の理解を深めながら討論が進められるのです」

オードリーが共同編集を得意とすることを裏付けるエピソードがある。先のYahoo!ニュースの特

「あのときはちょうど東京にいました。ホテルの隣のスーパーに、被災地域を応援するため、福島産品を集めた棚があるのをたまたま見つけたのです。被災地のためにすべきなのは、災害で被ったイメージを変えることだと思っています。この10月も国連の会議で大阪へ行った際、台風に遭いました。台風はもちろん望ましいものではないですが、日本の自然災害への知識や体制がとても優れていることを知る機会になりました。残念ながら、台湾はまだそのレベルに至っていません」

「當時剛好我在東京。我碰巧在飯店附近的超市裡找到一個寫著支援受災地區並放有福島產品的架子。我認為對災區應該採取的措施是改變受災害的形象。今年10月，我去大阪參加聯合國會議時遇上了颱風。遇上颱風當然不是很好的，但卻也是了解日本對防範自然災害的知識和系統的一個非常好的機會。非常遺憾的是，台灣尚未達到這樣的水平」

「開箱～（中国語で、箱を開ける儀式のこと）、わぁ、可愛いねぇ」（圖說：「開箱～，哇好可愛呢」）

Audrey Tang
16:09 12月6日
這裡應該是「乙太坊會議」或「Devcon」

Yaeko Kondo
23:43 12月6日
+audreyt@ey.gov.tw
非常感謝您詳細的確認&發現！我們會修改，改成「Devcon」。謝謝！！

記事の確認のやりとりは公開直前まで続き、細部までチェックしてくれた。

集記事が公開される前、オードリー本人に内容確認を依頼した時のことだ。私は、クラウド上でドキュメントを同時編集することができる〈Googleドキュメント〉を使用してファイルを提出した。すると、ドキュメント上にオードリーが降臨したのだ。

同じドキュメント上にオードリーがいる。そして降臨するや否や、すさまじい速さで原稿を確認し、コメントを残していく動きが手に取るようにわかった。

コメントで残してくれた訂正箇所について、何度かドキュメント上でやりとりをすると、彼女はきっちり「解決」ボタンを押し、颯爽とドキュメントから去っていった。それ以来、彼女との原稿確認のやりとりは専らクラウド上で行っている。

大臣就任前からインターネット上の立法に関わる

インタビューの中で、インターネット上の彼女に関する情報について間違ったことが書かれていることに話が及んだことがあった。「幼少の頃にずっと壮絶ないじめに遭っていた」などと書かれているが、本人によれば、いじめがあったのは小学2年生の時の1年間だけだという。私は驚いて、思わず「インターネット上ではまったく違うことが書かれています。多くの人が参照するウィキペディアの情報だけでも直しては？」と訊いた。すると彼女はにっこり笑いながらこう答えた。

「ウィキペディアは『他人が発表した情報を元に、第三者が編集する場所』で、様々な人が編集できる空間を残しているのです。当事者は情報を編集してはならないという原則がありますから、私が情報を変えるということはしません」

それならば、私が情報を訂正してもいいかと食い下がると、その答えはこうだった。

「あなたも私を取材した当事者ですからダメですね（笑）。あなた方の報道を見た第三者が編集する

なら大丈夫です」

このやりとりで、彼女はとてもルールを重んじる人だという印象を受けた。それもそのはず、デジタル担当大臣に就任するずっと前の15歳頃から〈IETF（インターネット技術特別調査委員会。インターネットで利用される技術の標準を策定する組織）〉でインターネット上の規則作りに関与したり、W3C（World Wide Web Consortium：ウェブ技術の標準化を行う非営利団体）で通信ルールの取り決めを行うなど、国境を超えたインターネットという世界のルール制定に参加していたのだった。

彼女はそれを**「インターネットには国境がないので国家という概念でこそないが、そこでしていた仕事はすべて政治のようなものだった」**と話す。台湾のデジタル担当大臣としての活動も、彼女にとってはそれらと同じようなこととして捉えているように思えた。

ネクスト・オードリーは、一人ではない

日本人からよく訊かれる質問の一つが、「台湾に次世代のオードリーさんはいるのですか？」とい

うことだ。オードリーに直接その質問をしてみて、返ってきた答えはこうだ。

「ソーシャル・イノベーションを実施している若者という意味であれば、たくさんいますよ。たとえば私が副召集人を務めている〈行政院青年カウンセリング委員会〉は、10人ほどの若者たちが選ばれ、公共政策についてアドバイスを行うリバースメンターとして活動しています」

詳しくは第3章で述べるが、本書で紹介する〈行政院青年カウンセリング委員会〉や、台湾のシビックハッカー・コミュニティ〈g0v（ガヴ・ゼロ）〉、民間による法規討論プラットフォーム〈vTaiwan〉や、オードリーが召集人の〈総統杯ハッカソン〉などに参加している人々は、世代を問わず誰しもがオードリーのような行動を取っている。オードリー一人がスーパーヒーローなのではなく、社会のそこかしこに彼女のような考えを持って行動する国民がいるのだ。私は本書とは別に彼らの取材を続けているが、台湾の層の厚さを身をもって感じている。だから本書では、できるだけオードリーの周辺にいる人々にも言及するように努めた。読み進めるうちに、彼女が「台湾の若者たちの代表」ではないことが、おわかり頂けると思う。

第2章 オードリー・タンの生い立ち

私が見たオードリー・タン

オードリーは、不思議な魅力の持ち主だ。物腰は柔らかく、垣根が低い。傾聴力や共感力が高く、1を尋ねるだけで500くらいの答えが、しかもこちらの想像を遥かに超えた視点でのアドバイスが返ってくる。とびきりのユーモアを添えて。

恥ずかしながら私の中国語は実践で修得したので相当にひどいものだが、彼女はそんな私の話も忍耐強く聞いてくれる。一度、「何を言っているかわからない（笑）」と言われた時には、「あぁ、遠慮せずストレートに言ってくれた。少しだけ距離が近付いた感じがする」と嬉しかったこともある。

そんなオードリーも、はじめから今の彼女だったわけではない。波乱と希望に満ちたオードリーの生い立ちは、台湾では多くのメディアですでに報道し尽くされたものでもある。だがやはり、日本でもたくさんの方に語り継がれていってほしいと思う。きっと、人や社会が抱える、解決の糸口が見えない悩みに光を差し込んでくれるはずだから。

オードリーの家族

オードリー・タン（唐鳳、Audrey Tang）1981年4月18日　台湾台北市出身

父：唐光華《タン・グアンホア》　新聞「中国時報」元副編集長。

母：李雅卿《リー・ヤーチン》　新聞「中国時報」の元記者、『商業週刊』元副編集長、「種の親子実験小学校」創立者。

弟：唐宗浩《タン・ゾオンハオ》　1984年生まれ。台湾国立政治大学理学院応用数学学科卒業。

母親の著書『成長戦争』を手がかりに

オードリーの母・李雅卿《リー・ヤーチン》は、新聞「中国時報」の記者だった人物だ。オードリーが小学校で不登校になった頃に仕事を辞め、自宅での学習に付き添い始めた。そして、オードリーという類まれなギフテッド（Gifted、先天的に突出した才能を持つ人々）を育てた経験から、台湾の伝統的な教育を変えようと、台北市のお隣・新北市の山あいにオルタナティブ教育の実験小学校「種の親子実験小学校（原名：種籽《ヂォンズ》親子《チンズ》實驗《スーイエン》小學《シャオシュエ》）」を設立、教育改革の先駆者となった。

彼女の代表的な著書に、オードリーの成長を綴った手記『成長戦争』（商智文化事業公司）や、一

家でドイツに留学した際の見聞録『天天驚喜』（商智文化事業股份有限公司）、そしてオルタナティブ教育（子どもそれぞれの主体性を大切にした、学校教育法で規定されていない方針の教育のこと。代替教育ともいう）についての取り組みが記された『種籽手記』（遠流出版事業股份有限公司）などがある。

私がオードリーの生い立ちについて取材する際、彼女から「この本にすべてがとてもクリアに書かれているから」と、『成長戦争』を参考にするようアドバイスされた。確かに、母親がまだ独身の頃から、夫との出会い、オードリーの誕生、弟の誕生、そしてオードリーが15歳で起業するまでの出来事が鮮やかに描かれている。

母親がこの本を執筆していたちょうどその頃、オードリーは起業で忙しくしていたが、出版社が台湾の教育改革のために本を出そうとしているのは理解していたという。実際に、大学のギフテッド教育の授業ではこの本が必ず読まれるようになり、次の世代の教師たちに影響を与えていった。教育者ではない私にとっても、この読書体験は衝撃的なものだった。一人の母親としてはもちろん、一人の人間としても。そして、台湾のメディアで書かれているオードリーの過去についてのほとんどがこの本を参考にしていたということも、読んで初めてわかったのだった。本書はあいにく絶版だが、書籍のデータのみ紹介しておく。

手記『成長戦争』（著者：李雅卿　出版：商智文化事業公司　初版：1997年5月　頁数：279ページ）一人の母親が、周囲との摩擦を恐れず、自主教育を広めるために告白する、一人のギフテッドと主流の価値観との争いにおける成長の歴史

これから紹介するオードリーの生い立ちは、『成長戦争』から一部を参照・引用しながら日本語に拙訳し、オードリー本人に改めて当時を振り返ってもらったものだ。また、彼女がトランスジェンダーであることを公言し、名前を現在の「オードリー」に変更したのは24歳の時だが、本書ではわかりやすくするため名前は一貫して「オードリー」に統一、性別にまつわる表記は24歳以前は男性のもの、以後は女性のものとする。

先天性の心臓病

オードリーには、生まれながらにして心臓に疾患があった。医者からは「長期の服薬で心臓が肥大するのを防ぎます。できるだけ泣かないこと、風邪をひかないこと、激しい運動をしないこと。これらに気を付けて過ごし、４歳頃に心臓が手術に耐えられるようになったら、手術しましょう」と言わ

れていた。
大泣きしたり、大笑いして心拍が上がると卒倒してしまうオードリーは、激しい運動をすることもできないまま、幼少期を過ごした。幸いなことに継続した投薬により心臓の肥大は抑えられ、4歳で無事に手術をすることができたが、薬の影響で肝臓がかなり弱ってしまったという。
尚、12歳でドイツ留学から台湾に戻った際に大きな心臓の手術を受け、リハビリを経て、14歳頃に完治している。

「以前はジェットコースターにも乗れませんでしたが、手術後に乗ってみたりしましたよ。山にも登ります」

笑顔でそう話してくれた時に生じた感情を、私は今のところまだうまく消化できていない。いつも彼女が「好奇心を持ち続けることが大事」と話しているのを思い出すのが精一杯だった。

天才的な頭脳、周囲との軋轢《あつれき》、いじめ、登校拒否

オードリーが生まれてからも両親は新聞社で働いていたため、彼は同居する父方の祖父・祖母によって育てられた。こういった育てられ方は共働きが当たり前の台湾で、今でも非常によくあることだ。

祖母の話によれば、オードリーは生後8ヵ月で言葉を話し始め、1歳2ヵ月で歩き、1歳半で1度聴いた曲の歌詞をすべて覚えて歌ってしまうほど記憶力が優れていた。3歳頃には百科事典と出合い、1文字1文字覚えてしまうほど夢中になったという。

彼は幼稚園に上がってからも、身体が丈夫でないために動作は遅く、走ったり飛び跳ねたりできなかった。また、他の子どもたちは興味を示さない「思考」などといったことに興味を持つなど、周囲との違いが目立ち始め、次第に周りの子どもたちは「変わってる」と、彼を排除し始める。

ある日、オードリーが幼稚園に小刀を持って行こうとするので母親が理由を尋ねると、「自分を守らなきゃ！　いじめてくるクラスメイトがいるんだ。トイレで僕を叩くんだよ」と言ったという。

彼は、幼稚園が好きになれない理由を当時、このように母親に話している。

「皆で同じことをしなければならないから、学校はつまらない。おやつの前に歌を歌ったり、一列に並んで電車になってトイレに行くし。ご飯もお昼寝も、全部皆で同じことをするんだよ」

それでも母親は「これも社会の中における教育」だと、幼稚園に行くよう励ましていた。そして、著書の中でこの時のことを「本当に子どもに申し訳ないことをした」と振り返っている。「当時は、ただ子どもに団体での行動や生活を教えることだけしか考えず、一人一人の子どもの教育ニーズはそれぞれ異なるのだということに気付けなかった」と。

私はインタビューで初めてオードリーに会う前、台湾のインターネット上に書かれていることには一通り目を通していたが、大部分の報道には「オードリー・タンは幼い頃、壮絶ないじめに遭った」と書かれており、取材前から彼女のこれまでの人生がどれだけ苦しいものだったのかに思いを馳せ、勝手に胸が締めつけられるような思いでいた。ところが、インタビューの場で彼女は笑いながらあっけなくこう言った。

「学校や先生、クラスメイトたちに風評被害があると申し訳ないので、これは絶対に訂正させて頂きたいのですが、私がいじめに遭ったのは小学2年生の1年間だけです。私は3つの幼稚園、6つの小学校、そして中学校は1年間だけと、10年間で10の幼稚園と学校に行っています。何かあったらすぐに転校するので、いじめがずっと続いていたわけではありません。転校の理由は、私自身の適性問題だった部分もあるのです」

では、適性問題とはどのようなものだったのだろう。

母親の著書によれば、小学校1年生の算数の授業で足し算を習う際、教師が「1＋1＝2」と教えると、オードリーは「それは進数を見るべきです。もし二進数だった場合、1＋1は2ではありません！」と発言する……といった状況だったようだ。「小学1年で教えるのは整数と決まっているのに、いきなり負の概念を持ち込まれると困ります」と教師から苦情を訴えられたというエピソードが書かれている。

以降、算数の授業になると、教師はいつもオードリーに図書館へ行って本を読んでいるように伝えるか、ゴミ捨てなどの雑用を命じたという。その後2年生の時に、彼は〈ギフテッド・クラス〉という、成績が突出した生徒が入るクラスのある学校へ転校をした。だが残念なことに、彼はここで最悪の体験をすることになるのだった。

台湾の伝統的な教育

オードリーはギフテッド・クラスの担任教師が大好きだったが、この頃の学校にはまだ体罰の風習が色濃く残っており、忘れ物の多かった彼は教師から毎日体罰を受けていた。

それでも、彼は母親に向けてこう言っている。

「僕たちの担任の先生は学校で一番いい先生なんだよ。だって先生が体罰に使うのは、一番細い棒なの。他の先生が人を叩いているのを見たけど、皆もっと太い棒を使っているんだよ」

そんな状況を知った母親は、この教師のもとを訪ね、体罰について話し合ったことがある。若く教育熱心なその教師は、「毎日帰宅すると猛烈に後悔してもう二度と体罰はしないと心に誓うのに、翌朝教室に入って子どもたちが騒いでいるのを見ると、静かにさせるのに必死でそれを忘れてしまう」と打ち明けている。

母親の回想によれば、この頃の保護者たちは体罰を許さないどころか、我が子を叩いてくれるよう保護者会議で教師に願い出る者までいたという。母親はこう綴っている。「彼らは子どもを愛していないのではなく、叩くことでこそ子どもをしっかりしつけられると勘違いしていたのです」と。

そんな状況だったから、子どもたちが教師から叩かれることを受け入れ、人を叩くこと自体すら、何とも思わなくなっていくのだった。

母親は、オードリーが身体の動きが特別遅い自分自身を受け入れられなくなるのではないかと心配し、彼が一人一人の長所も短所も受け入れて、人と自分を比較したりすることのないように、「人にはそれぞれ長所がある」と教え続けていた。だからこそ、彼からこう言われた時、返す言葉が見つからなかったという。

「ママ！　ママは、人は互いに褒め合うようにと言ったよね。僕は人が縄跳びを100回飛べたら本当にすごいと思うし、走るのが速いクラスメイトのことを頑張れって応援しているよ。でも、どうして僕が算数が得意で、国語が速く書けると、皆は嬉しくないの？　怒るだけじゃなくて、僕のことを叩くの？」


私は、母親の著書を読んで印象深かった点について、いくつかオードリーに質問をしている。その一つが、次のやりとりだ。「一時期、息子はよく私に『どうしてパパとママは子どもを産んだの？どうして僕を産んだの？』と訊くようになりました。私は『なぜって、私たちはあなたが好きだからよ。子どものことが好きなのよ』と答えました。でも彼は『嘘つき！』と言います。その時期、彼が一番よく発した言葉は『嘘つき！』でした。私がこの6～7年間、命を大事にし、人の良い部分に目を向けようと彼に伝え続けた価値観は完全に崩れ、すべて無くなってしまったと思いました」

「この時、どうして『嘘つき!』と言ったのか、覚えていますか?」

私が聞いたオードリーの答えは、実は母親の考えとは違うものだったのかもしれない。それはとても愛と哲学に溢れた答えだった。

「母は私に、『私のことが好きだから産んだ』と言いました。でも産む前には自分が私という子どもを産むことは知らなかったわけですよね。私は、生まれてからずっと身体が弱く、いつもすぐそばに死がありました。生まれた子どもの身体が弱くても、その子のことを好きになるのはわかります。でも、あえて身体が弱い子どもが生まれてくることを望んでいたわけがありませんよね? 選べるのなら、健康に生まれてきてくれることを選んだはずと思ったのです」

彼女のこの話を聞いて、幼いオードリーがそのように感じていたことに胸が痛む一方、これは幼少期に子どもが抱く疑問としてはごく自然なもののようにも思えた。そして、救われるような気持ちにもなった。彼女の母親が伝え続けたという価値観が、オードリーの中から無くなってしまったわけではないということが、ここで明らかになったからだ。

クラスメイトの「お前が死ねば」という言葉

母親はギフテッド・クラスに入りさえすれば、オードリーの学校での生活はきっと良くなると信じていた。だが現実には、こういった特殊なクラスが設立されたばかりで当時の学校側にノウハウがなかったことも災いし、生徒たちは互いに嫉妬し合い、争ってばかりで、さらに彼を苦しめてしまう。

あるクラスメイトが彼に放った言葉こそ、当時の教育問題の深刻さを象徴している。

「なんでお前は死んでくれないの？　お前が死んだら、僕が一番になれるのに」

この恐ろしい言葉を発したクラスメイトの父親は、自分の息子が1位の成績を取れないと体罰を与えていたのだった。

「私が転校した後、このクラスメイトは本当に1位になったかもしれません。でもそれは、その子どもの学力が上がって1位になったわけではなく、1位がいなくなったから自分が1位になったというだけなんですよね」

オードリーは当時を振り返り、悲しげに笑う。

「でもこれは、その子が悪いわけではありません。7、8歳の子どもが生まれながらにして自分から好んでクラスメイトをいじめたりするはずはないのです。これは構造の問題です。当時の教育は子どもたちを比較し、競争させるものでした。だから保護者たちも自分の子どもを他の子どもたちと比べる。最後に最もその影響を受けるのは、子どもたちなのです。私は小学2年生の頃に半年間休学している間、この道理に気づきました」

私は、ただ頷くことしかできなかった。小学2年生で、自分が日常的にひどいいじめに遭い、クラスメイトから「死ね」と言われた時に、こんな風に状況分析できるなんて。だが、傷を負ったオードリーの心はどうやって癒せばいいのだろうと、頭が真っ白になった。

小学校を休学、そして世界との絶交

ある日、小テストの時間にクラスメイトからカンニングを要求され、それを拒否したオードリーは、4～5人に追いかけられ、腹部を蹴り上げられて気絶してしまう。その夜、シャワーを浴びている時に彼は母親を呼び、黒くあざになった腹部を見せて、「ママ、見て。これでもママは、まだ学校に行けって言うの?」と訴えた。驚いた母親はついに「もう行かなくていいよ、家にいなさい」と返事をした。

この頃のオードリーは、自殺願望を持ち始めるほど追い詰められていたため、母親はどこかに出かける際には絶対自分に知らせるよう再三言って聞かせていた。だがある時突然、彼は姿を消してしまう。必死で探し、街をさまよう我が子の姿を見つけて家に連れ帰った母親は、たまたま手に持っていた竹のフォークで彼の身体を叩きながら、「どうしてそんなことしたの? どうしてお母さんのそばを離れたの!」と崩れ落ち、子どものように号泣した。

母親はその時のことをこう綴っている。

「彼はきっと、私が彼を叩くなんて思いもよらなかったでしょう。あの時の私を見つめた眼差しを、私は生涯忘れられません。あんなにぽっかりと無表情な――」

「家庭大戦」の始まり

こうして、失意に陥ったオードリーをなんとか救い留めた母親ではあったが、彼の休学に対し、大好きな夫や同居している舅・姑からも大反対を受け、「家庭大戦」が始まる。夫とは毎日口論し、毎夜悪夢にうなされるオードリーを抱いて眠り、それまで関係の良かった姑からも実家に帰って暮らすよう言われるなど、辛い日々が続く。

一方で、オードリー本人もまた、辛い日々を過ごしていた。祖母から「すべての人が学校に行っているのに、なぜお前だけが行かないんだい？」と訊かれた彼は、「おばあちゃん、もしすべての人が死んだら、僕も自殺しなくちゃいけないの？」と答えたという。

オードリーは、当時を振り返ってこう話してくれた。

「当時の教師は、『レジリエンスを育てなければならない』と言いました。悪い状況になっても、自らで克服する力のことです。また、台湾には『苦労を糧にする』という諺《ことわざ》もあります。ですが、耐性をつけるために我慢することと、その苦しみの奴隷になるということは、非常に区別が付けづらいのです。『学習性無力感』といって、何もできることがないのだという感覚を一度背負ってしまうと、これから先にもし世界の不公平なことを変えられるチャンスが訪れても、籠に長い間閉じ込められた鳥が飛び立てなくなってしまうように、何もできなくなってしまう。

この時の私は、その極限を超えていました。筋肉を鍛えすぎると怪我をして、靭帯や骨を損傷すると一生回復するのは難しくなるように、当時の学校の状況は、私の極限を超えていたのです」

父親の〝撤退〟

この頃から、オードリーは父親に対して反抗的な態度を取るようになる。


「その頃の私の態度を『反抗期だった』と表現したくなるかもしれませんが、当時はまだ9歳で、そういった時期ではありません。また、私は父を不快に感じ、彼に対して反抗的な態度を取っていましたが、父以外の同居している家族を不快だと感じることはありませんでした。そして、この感情はその時期が過ぎ去れば治まるという類のものではなかったので、『反抗期』と呼べるものではありません。

ではなぜ反抗的な態度を取っていたのか？　その理由ははっきりしています。一人の人間が『痛い』

と思うのは現象であって、それを体験した人のみが語る資格のあるものであり、他の人が『それは痛くない』と言うことはできないのだということです。ですから、当時の父が私に『学校に行くことはそんなに辛くない』として、学校に行き続けるよう言ったことは矛盾していました。私は絶対にそのことを彼に知らせる必要があったのです」

オードリーは当時をこのように振り返る。だがこの時点でまだそのことに気が付いていなかった父親は、大胆な行動に出る。妻に対して「僕は行くよ！　子どもたちのことは任せるよ。これからは君がすべての責任を負ってくれ」と言い放って、ドイツの大学院へ留学してしまうのだ。この信じられない発言に驚いたのは私だけでなく、母親も怒りを隠せなかったようだ。だがその一方で、「私たちの、こののっぴきならない状況において、彼はできることはもうすべてやり尽くしてしまった。〝撤退する〟という知恵を発揮することで、父子の衝突をこれ以上増やさないようにしたのだと理解した」と綴っている。

素晴らしい教育者たちとの出会い

父親がドイツに旅立った後、母親はオードリーの心を癒すことに集中する。その過程で数々の優れた教育者たちと出会い、彼は救われていく。

当時、国立台湾師範大学に在籍していた楊文貴《ヤン・ウェングェイ》教授は、オードリーと友人のように何でも話し、母親に今の彼に何が必要なのかをアドバイスした。

台湾の最高学府・国立台湾大学でギフテッドについて研究していた朱建正《ヂュー・ジエンゼン》教授は、オードリーと初めて会うや否や、これからは毎週2時間、マンツーマンで数学を教えようと告げる。母親の言葉を借りれば、この朱教授こそ、父親が海外留学で不在にしていた時間に〝教父〟の役割を担ってくれた人物だ。また、台湾における児童哲学の草分けである毛毛蟲《マオマオツォン》児童哲学基金会の陳鴻銘《チェン・ホンミン》は、全校生徒が60～70人しかいない直潭《ディータン》小学校へ行ってみたらどうかと母親にアドバイスし、紹介までしてくれた。

当時小学4年生だったオードリーは、直潭小学校校長の素晴らしい配慮により、6年生クラスに飛び級させてもらう。しかも週に3日だけ登校し友達と親交を深めればよく、他の日は小学校ではなく、台湾大学や、師範大学、毛毛蟲児童哲学基金会などに行けるよう取り計らってくれた。こうした経験が、中学中退後の彼の自主学習の基礎体験になっている。
その頃、師範大学・楊文貴教授のアドバイスにより、1年間に中学3年間で習う数学の内容をオードリーに教えてくれたのが、同大学の陳俊瑜《チェン・ジュンユー》教授だった。母親は毎週3日の午後をその授業に行くようスケジュールしていたが、彼らはその日やることをすぐに終えてしまうと、麻雀を打ったり、パソコンで遊んだり、台北の秋葉原と呼ばれる光華商場へ繰り出したり、女の子に夢中になったりと、大学生がすることはすべてし尽くしたという。母親もまた、オードリーが直潭小学校で過ごした1年間を「母子にとって黄金の歳月」だったと振り返っている。

父親との和解

ドイツに留学中の父親は、エアメールで妻と互いの状況を細かく報告し合っていた。同時に、二人の息子たちにもドイツで得た見聞を知らせていた。ベルリンの壁が取り壊された時（1989年）には現地に赴き、撮った写真を送ってくれた。そのあたりから、父子の対話が息を吹き返したのだ。

「あの頃から、父の態度は変わりました。圧迫感を伴いながら『あなたが感じていることに意味は

無い』といったことを言わなくなりました」とオードリーは当時を振り返る。

「誰かに自分の感じたことを肯定してもらうのは、とても大切なことです。人間の感情とはとても複雑で、すべてを言葉にして話したり書いたりすることは難しいからです。だからこの頃の私は、どんな経験をしてどんなことを感じたのかということを、うまく言葉にできなかったり、表現できなかったとしても、ただ『あなたがそう感じたことは、本当のことだ』と言ってくれる人が必要でした。感じたことを否定されないことでこそ、私の感受性は少しずつバランスを取り戻すことができました。もしずっと否定されていたら、私は外の世界とコミュニケーションが取れなくなってしまっていたでしょう」

「だから、母親が私の感情を肯定しようとしてくれたことは、とても素晴らしいことでした」と。

現在のオードリーが、常にすべての人に寄り添う姿勢を大事にしたり、社会的弱者や声の小さい人の意見を取りこぼさないように気を配っていることは、決してトランスジェンダーだからというだけでなく、彼女の過去のすべてに背景があると、私は受け取っている。

ドイツ留学

6年生に飛び級していたオードリーの学年が卒業を控え、両親がこれからどうするか悩んでいた時のこと。師範大学の楊文貴教授から「いっそのこと、父親のいるドイツで暮らしてみてはどうか?」という提案を受ける。そして本当に母親は息子二人を連れ、夫の住むドイツへ旅立つのだった。

こうしてまた、一家4人で過ごすこととなった。ドイツでの暮らしはとても楽しかったようで、その生き生きとした見聞録は母親の著書『天天驚喜』にまとめられている。

オードリーはその後、ドイツで住んでいたエリアで最もハイレベルな中学校への入学を外国人として初めて認められる。その後、ドイツで知り合った友人から彼をアメリカへ連れて行こうという誘いも受け、両親は嬉しい悩みに心を迷わせていた。

そんな矢先、オードリーの心臓に再び異変が起きてしまう。身体の急速な成長で、接合していた部分が裂けてしまったのだ。キッチンで入院の準備をしていた母親に、オードリーは冷静にこう伝える。

「お母さん、おばさん(アメリカ行きの話をしていた母の友人)との会話も、お父さんとの会話も聞こえたよ。あのね、僕はアメリカにも行かないし、ドイツにも残らない。台湾に帰るよ。僕は自分の土地で育ちたいんだ」

母親は驚きのあまり、手に持っていた包丁を落としそうになりながら言う。

「あなた何を言ってるの？　すべての道は手配されたのよ。今、あなたは台湾に帰るって言ったの？何を冗談言ってるの？」

オードリーは冗談を言っている様子ではなかった。

「ドイツに来たのは、台湾に僕が行ける小学校が無かったから、お父さんの勉強に付き添うためなんだよね？　ついでに外の世界を見ようって。でもそれももう終わったよ。お母さんたちは僕をドイツに留めるだけじゃなく、アメリカに送り出そうとまでしているみたいだけど、じゃあ、僕はいったいいつになったら自分の国に戻れるの？」

母親は彼の目を真っすぐ見ながら声を荒げた。

「あんな国、戻らなくてもいいでしょう！　あなたが戻れば小学6年生で、すぐに中学校に上がるのよ。中学校がどんなに恐ろしいところか、あなた知っているの？　もう十分よ。私は戻らない！」

彼は言った。

「お母さん、僕が台湾にいた時、2年飛び級して6年生のクラスで勉強したでしょう。その頃いつも、僕が何か道理を話しても、周囲に通じていないと思っていたんだ。でも、今ドイツでは1学年落としているのに、クラスメイトが自分より成熟していると感じるんだ。僕よりよっぽどいろんなことができきるんだよ。ドイツの子どもたちが僕より賢いわけではないし、弟や台湾の子どもたちより賢いというわけでもないんだけど、でも彼らは僕たちより自信に満ちていて、僕たちより成熟している。僕はいつも思うんだ。どうして台湾の子どもたちはあんな風に成長して、ドイツの子どもたちはこんな風に成長できるんだろうって。僕は帰るよ。台湾に帰って教育改革をするんだ！」

母親は息子の話を聞いて、恥ずかしくて仕方がなかった。

「11歳の子どもが台湾に戻って教育改革をすると言っている！　それなのに40歳の母親は、母国から逃げると言っている。永遠に戻りたくないなどと……」

母親と父親はその日の夜を一睡もせずに過ごし、２日後には母親とオードリー、弟の３人分の飛行機のチケットを取り、台湾に戻ったのだった。

そして、生後２ヵ月目から彼を診てくれている担当主治医の手により、手術を受けたオードリーの心臓は、大幅に回復する。

ここで誰もが疑問に思うのが、この時、なぜオードリーは台湾に戻ることを望んだのだろうか、ということだろう。彼女の答えはこうだった。

「医療技術が発達していますから、その時の心臓の手術はほぼ失敗する可能性は無いと言えましたが、万が一、何かの合併症が起こったりした場合、私は死んでもおかしくない状況でした。もし死ぬなら、生まれたところで死ぬ方が人間は安心することができます。そしてもし手術が成功して死ななかったら、そこから私はもう身体の弱いことを心配しなくてよくなります。生まれ変わったようなものです。

そこから始まる〝身体が弱くない〟人生で、自分が過去に受けた仕打ちに対して何か未来で貢献できないかと考えた時、自分はその辛さを知っているから、もう他の子どもたちが同じような思いをしなくて済むようにできることがあると思いました。台湾は、自分が貢献できる場所だということです」

中学中退

台湾に戻ったオードリーは中学に通うのを途中でやめて、全台湾の小中高生が参加する科学コンクール「科展」に向けた自宅学習に切り替えていた。そして、科展の応用科学部門で1位を取った彼は、台湾で最も学位の高い高校に無受験で進学できる特権を得た。当時通っていた中学の校長は彼にこう言って、高校進学をすすめる。

「あなたが憧れるアメリカの有名大学の教授と一緒に仕事をするには、良い大学に入らなければ。そのためには良い高校に行く必要がある。あと10年は学校で勉強すべきでしょう」

しかしその時すでに、オードリーはアメリカの大学教授らとインターネットを通じて直接やりとりしていた。彼はそのメールの中身を見せ、「その教授たちとはもうすでに一緒に仕事をしています。それでも高校へ行く意味とはなんでしょうか」と問いかけた。すると校長は1、2分黙った後に「もう学校に来なくていいよ」と言ったのだった。

「校長は私を守ってくれたのです。当時は義務教育の中学に通わないと、罰金を科せられました。彼は監査が入ったときに、私が学校に来ていることにして、責任を負ってくれた。そのおかげで私は中学2年生で起業できました。ですから、私は官僚制のフレキシブルさをいつも強く信じています」

確かなデータや根拠を元に議論すれば、人は話し合える。そんな信念を持つオードリーの原体験は、ここにあるのだった。

自分の中の異なる個性を統合

中学3年生の時のこと。オードリーは母親に「閉じ籠もれる場所に行きたい」と告げる。聞けば、「自分の中には、日常生活をしている〝宗漢《ゾンハン》（オードリーの以前の名前）〟、詩を描いている時の〝天風《ティエンフォン》〟、そしてパソコンの世界にいる〝Audery Tang（オードリー・タン）〟という3つの人格がいる。それらのまったく違う個性が身体の中で調和していない。だから静かな場所へ行って、しっかり整理したい」と答えた。

そしてオードリーは中学の校長を訪ね、「今は不安定な状態だから」と2週間の長期休暇を願い出る。「足りなかったら1～2ヵ月くらい延ばしたい」と付け加えることも忘れなかった。校長は説明を聞くと、「この子は木のように速く成長するのだ、静かによく考えたいと言っているのだから行かせてあげよう」と考え、手を振りながら「日数が足りなかったらまた話そう」と見送ってくれた。

「半径50メートル以内に誰も人がいない場所」という希望条件を満たす場所として、自然豊かな烏來《ウーライ》の小屋を借り、一人でそこに籠ったオードリーは、母親がまとめて置いていってくれた食糧を食べながら、数日間を過ごした。

彼女は当時をこのように振り返る。

「私にとって、詩やプログラムを書くことは創作で、私を通してこの世界に生まれるものでした。それをする時の私と、人と楽しくおしゃべりする時の私はまったく違う状態で、当時は切り替えがうまくできていませんでした。それにまだインターネットができたばかりだったので、インターネット上と実際に対面した時ではコミュニケーションの方法が違っていたのです。当時のネット文化は、海外の国の文化をベースにしたインターネット独自のものでした。ですからその文化の中の表現方法で自分の周囲に接すると、皆からはおかしく思われる。その逆も然りといった状況でした。この時は、『微軟陰謀《ウェイルゥアン・インモウ》』（日本語では「マイクロソフトの陰謀」という意味。著者：單中杰、戴凱序　出版：資訊人文化事業公司）という一冊の本（筆者補足：オードリー自身が起業後、出版に携わった）を持って行き、何度も読んで過ごしました。その本には、二人の作者がネット文化と現実世界での生活とを結合させる試みについて書かれていました。彼らは自分たちがそれに成功した体験を綴っていたのです」

こうして、彼は本を読みながら人格の統合に成功する。

「通常であれば、そういったことはカウンセラーなどの精神医学の専門家の助けを得ながら行われることが多いのに、あなたは一人で実施したのですね」と私が言うと、「そうですね、だから本も一種の専門家だと言っていいでしょう」と答えた。

母親は、家に帰ってきた後の彼は「耳識《にしき》（聴く心）が全開」になっただけでなく、柔らかく、まるで女性のように、人が変わったように感じたと書いている。

この時に人格を統合したことと、トランスジェンダーになったことには何か関係があるのかという問いへの、オードリーの答えはこうだった。

「日常生活において、社会は私たちに性別による違いを期待するかもしれません。しかし、インターネットの世界におけるコミュニケーションや、プログラムを書くような創作において、性別とは何の意味も持たないだけではなく、事実上自分に制限をかけることにもなり得るのです。ただ、この時から私は人の話を聞くようになりました。以前は人と話していても私が話していることのほうが多かったのですが、この時から私は少し話したら一度ストップして、相手の話をできるだけ完全な形で聞こうとするようになったんです。

それは、自分が人を説得したり、誰かに影響を与える必要はないのだと考えるようになったからです。社会の中には『オーナーらしさ』とか『一家の主』といった、人それぞれが演じるべき役割があると思っていましたが、インターネットの世界にそんなものは一切ありませんでした。ここでは誰もが平等で、社会のシナリオに制限されることもありません。インターネットの普及に伴い、今後はこのような文化が主流になっていくと思ったので、その時から私は、自分に複数の側面があるかのように装うのをやめました。たとえ人と違っても、このままの自分を保てばいいと。自分の内側と外側を一致させたと言っていいでしょう。だから、たとえインターネットの文化になじみのない誰かが、私に社会上のシナリオを演じるよう求めてきても、私は逆に、この平等で制限の無い新しい文化を紹介したいと思ったのです」

15歳で起業

校長から学校に来なくてもいいとの許しを得たことで、15歳のオードリーは友人たちとＩＴ企業〈資訊人文化事業公司〉を起業する。インターネット関連の書籍を出版したり、検索をアシストするソフトウェア〈捜尋快手《ソウシュンクゥァイショウ》　英語名：FusionSearch〉を開発し、わずか3〜4年の間に全世界で約８００万セットを販売。２００５年にプログラミング言語〈Perl〉がバージョン5から6に移行するのに大きく貢献し、33歳で現場から引退した後は、米・アップル社や台湾の電気製品メーカーBenQの顧問を歴任。台湾のＩＴ界に広くその名を知られ、「ＩＴの神」と呼ばれるようになる。

トランスジェンダーを明かす

オードリーがトランスジェンダーであることを自らのブログ上で明かしたのは、彼女が24歳の時だった。名前も男性風の「唐宗漢」から女性風の「唐鳳（オードリー・タン）」に変更している。

当時のブログから一部を抜粋し、拙訳して以下に引用する。

- 4つの名前（オリジナル／新しい中国語／英語）は、私のWikipediaのページに掲載されています。／All four names (original/new Chinese/English) are listed on the Wikipedia page about me.
- 中華民国の身分証とパスポートの中国語および英語の名前を変更しました（そうです、.twではこのようなことが行われます）。ですから今後は、コピーライトを含む法的な書類も、新しい名前に移行することが必要です。／The new names had replaced original ones in my passport and national ID card (yes, .tw does have such things), so legal documents -- including copyright notices -- need to carry the new name.

- 性別の変更について話すと、私は長年に亘って現実から隠れてネットの世界に住んでいました。私は女性ですが、社会の期待はそうではなく、私が男性であることを求め——トランスジェンダーによくある状況ですが、強い不安感があるために、他の人に会ったり、関係を築くことが難しくなっていました。/About the gender change: I've been shutting Reality off and lived almost exclusively on the net for many years, because my brain knows for sure that I'm a woman, but the social expectation demanded otherwise -- a classic transgender situation that caused high background anxiety, making it difficult for me to meet and relate to other people.

- 多くの人々（私の恋人／パートナー、数名の〈Camel〉や〈Lambda〉の友人たち、家族、現実の世界の友人たち）のサポートのもと、私は自分の外見を自分のイメージと調和させることにしました。/With love and support from many people (my lover/partner, several camelfolks and lambdafolks, my family, a few real-world friends), I decided to reconcile my outward appearance with my self image.

・カウンセリングといくつかの細かな施術、見た目の調整の後、状況は大幅に改善されました。これからもより多くの手術が期待されます。/Now things had improved a lot after a few minor operations, adjustments in appearance, as well as counseling; more surgeries are expected in the future.

・このような状況ですので、話や書き言葉で性別特有の言い回しが必要な際には、過去、現在、未来においても、私は女性のほうを望みます。ご理解ありがとうございます。/As such, for people writing or speaking in languages that have gender-specific pronouns, I would very much prefer female pronouns for all of past, present and future tenses. Thanks for your understanding.)

引用：https://pugs.blogs.com/audrey/2005/12/runtime_typecas.html

私が「あなたはトランスジェンダーとして世界初の閣僚と言われています。自分がトランスジェンダーだと気付き始めたのはいつ頃のことですか？」「トランスジェンダーであることは、あなたの仕事に影響を与えましたか？」と訊いた時、彼女はこう答えている。

「20歳の頃に男性ホルモンの濃度を検査して、だいたい男女の中間だとわかった時です。両親が『男性はこう、女性はこうあるべき』という教育をしなかったので、私はずっと性別に関して特定の認識がありませんでした。12歳の頃に出合ったインターネットの世界でも、性別について名乗る必要も、訊かれることもなかったですし。10代で男性の、20代で女性の思春期も経験しました。自分が男性か女性のどちらかに属する存在だとは思っていないのです」

「トランスジェンダーであることによって、物事を考える時に男女という枠に囚われずにいられるから、大半の人よりも自由度が高いんですね。すべての立場に寄り添えるという良さもあります」

詳しくは次章で後述するが、この後、シビックハッカー・コミュニティで〈g0v〉を立ち上げた高嘉良《ガオ・チャーリャン》らと出会い、２０１４年の〈ひまわり学生運動〉で活躍した彼女は、それまで勤めていた米・アップル社のコンサルタントなどを辞めてビジネスの一線から退き、公益事業に身を投じていく。

オードリーにとっての家族

入閣前のオードリーの過去を振り返ったうえで改めて、オードリーにとっての家族がどのような存在なのか語ってもらった。この章の締め括りとして紹介したい。

父の唐光華と幼少のオードリー。
提供：唐光華／オードリー・タン

「父は、私にある『姿勢』を教えてくれました。それは、相手がどのような権威であっても、額面通りに受け取らず、まずなぜそのような権威があるのかを相手自身に訊くのだということです。どのような権威も疑っていいのだと。そして相手が一見、筋の通ったことを言っているように見えたとしても、攻撃するのではなく『その前提は何なのか？』という問いを投げかけることで、相手に気付きを与えて、助けることもできるということです。そのため、私は幼い頃から父と話し合いをする時にはいわゆるソクラテス式の対話法を用いてきました。
自分にこのような視点があるだけで、他人からあらゆる『縛り』を受けることがなくなります。これはまるでワクチンや抗体のようなものです。おかげで私は絶対に、誰かを盲目的に信じる『狂信者』になることはありません。これは教育上で私が受けた非常に重要な影響です」

「母からは、コミュニケーションと、伝えることの大切さを教わりました。母は言語表現の能力に優れた人で、一般的にわかりにくい物事でも、彼女が文章にすると、誰もが理解できるようになるのです。彼女にとってそれは簡単なことですが、これは容易なことではありません。私は、自分の感じたことを文字にして伝えることで、自分にとって意義のあるものが、他の皆にも意義を感じてもらえるものになり得ることを教わりました」

「弟がいてくれたおかげで、私は明るくなることができました。私は小さい頃から身体が非常に弱かったけれど、彼と一緒に育ったことで発見できたことがあります。『身体が健康な子どもというのは、見知らぬ人や環境に出合った時、まず観察して自分を傷つけないか確かめたり、身体が耐えられるか

母の李雅卿はいつもオードリーに本を読んで聞かせていた。オードリーのお気に入りはロングセラーの児童向け百科事典『漢聲小百科』。
提供：唐光華／オードリー・タン

母の李雅卿は、オードリーという類まれなギフテッドを育てた経験を元に、現在の台湾の教育界の変革に大きな貢献をし続けている。
提供：唐光華／オードリー・タン

1995年、オードリーは全台湾の小中高生が参加する科学コンクール「科展」に『電脳哲學家』という作品で参加、第1位に。隣は父方の祖母・蔡雅寶《ツァイ・ヤーバオ》。オードリーはデジタル担当大臣となった今でも、政策のわかりやすさなどについて祖母に相談することがある。提供：唐光華／オードリー・タン

どうかを確認しなくても、とても嬉しい気持ちでそこに飛び込んでいけるし、付き合うことができるのだ』ということです。弟は私に、見知らぬ人を信じることは悪いことではなく、良いことだと示してくれました」

「祖父と祖母は、私が幼かった頃、面倒を見てくれました。祖父は四川から台湾に来て、祖母は台湾の彰化《ジャンホワ》県で生まれ育った人です。祖父は四川訛《なま》りの中国語を話しましたし、祖母は台湾語を話しました。当時、私の両親は私がそれら両方を話せるようになることを望んだのですが、小学校に上がると、学校では台湾語が禁止されていたため、私の台湾語は6歳以降上達していません。これは非常に残念なことですが、私たちや私の一世代上は皆がこのような状況です（筆者補足：現在は〈郷土の言語〉という授業があり、子どもたちは台湾語を選択して習うことができる）。

祖母は四川から台湾に来た祖父と結婚した後、「眷村《けんそん》」と呼ばれる外省人《がいしょうじん》（1945年の第二次世界大戦終戦以降に中国大陸から台湾に定住した人）が暮らすエリアで生活していました。彼らが結婚したのはちょうど台湾で二二八事件（1947年）が起こった2、3年後でしたから、本省人《ほんしょうじん》（外省人が定住する以前から台湾に住んでいる人）と外省人の関係が最も悪かった頃だったので、周囲から歓迎されるような結婚ではありませんでした。

二人の共通点は、敬虔《けいけん》なカトリック信者だったことです。私自身も幼い頃から祖母が祈りを唱えるのを聞き、ロザリオの数珠を数えて育ちました。祖母は私に、聖書の教えを言い聞かせました。何ごとも許し、信じ、希望を持つこと。どのような背景の人であっても、たとえ彼らとわかり合えなくても、主から見たら皆が平等であり、善悪の区別は無いといったことです。これらも、私に大きな影響を与えています」

オードリーは、両親とともに台湾の教育改革に携わってきたことについて、こう話す。

「何か不快なことがあった時、それに対抗したり、逃げるのは生物の本能です。それが見るからに強大で、脅威を感じるものであれば、生物の主な反応は『戦うか、逃げるか』ですよね。ですがその他にも、『その環境を自ら変えにいくことで、未来に同じことが発生しないようにする』という新しい方法があります。8歳の頃に私をいじめたクラスメイトたちは、生まれながらに人をいじめるのが好きだったわけでも、品格が無かったわけでもありません。テストの点数に本来どういった意味があるのか、知っていたはずもありません。すべては家庭でそう仕向けられてしまったのです。これは構造的な問題ですから、いじめた人の名前をさらしたり、辱《はずかし》めたりしても何も良いことはありません。また同じようなことが起きてしまうからです。

私はその後、2015年に教育部（日本の文部科学省に相当）の教育課程発展委員会で『国民基本教育課程要綱（日本の学習指導要領のこと。第3章で後述）』の改定に関わった際、『個別化学習計画（Individualized Educational Program　略称：IEP）』であれば、子どもたちは誰もが1位になれると訴えました。いじめる側も、いじめられる側も、皆の学習計画はそれぞれ違うはずです。違うのなら、誰が良くて誰が悪いという区別は必要ありません。未来には、誰かの成績が良いからといって家で責められたり、いじめられたりといった状況がなくなるのです。

母がオルタナティブ教育を実践する小学校『種の親子実験小学校』を作ったのも、父が地域コミュニティ大学を作ったのも（筆者補足：父親の唐光華は台湾に戻ったのちの1998年、生涯学習の場として台湾で初めてとなる「文山社區大學」を設立している）、私が学習指導要領の改定に参加したのも、この構造を変え、一人でも私と同じような辛い思いをする人が減りますようにという思いで行ったことです。家族とは、今でもオルタナティブ教育や生涯学習、国民教育はどのように連携できるかなどといったことを話し合っていますよ」

「今、そうして一緒に話し合えることを、ご両親は喜んでくださっていますか？」と私が訊くと、彼女はいつものように穏やかに「ええ、喜んでくれていますよ」と答えてくれた。

第3章 オードリー・タンの仕事

1 シビックハッカー・コミュニティ〈g0v〉への参加と〈萌典〉——2012年末

オードリーがデジタル担当大臣として入閣した2016年から遡《さかのぼ》ること4年前に始まり、彼女が今でも参加し続ける、シビックハッカー・コミュニティ〈g0v（零時政府）〉（ガヴ・ゼロと読む。以下〈g0v〉と記載）。シビックハッカーとは社会問題の解決に取り組む民間のエンジニアのことで、台湾における彼らの数は、世界でも三本の指に入ると言われている。シビックハッカー内にも様々なコミュニティが存在しているが、その中でもソフトウェアのソースコードを開放する〈オープンソース〉に関心のある者が集うコミュニティから〈g0v〉は生まれた。

数字のゼロを使った〈g0v〉という名称は、政府の略称が、governmentに由来した〈gov〉であるのに対し、彼らは「政治をゼロから再考する」というスタンスを表したもの。「『なぜ誰もやらないのだ?』と訊くのをやめて、まずは自分がその『やらない人』の一人であることを認めよう。万能な人は存在しない」。これが彼らのモットーである。私自身も耳が痛くなる言葉だ。従来の社会運動にテクノロジーコミュニティを結びつけることで、環境や労働など、社会問題をテーマにしたプロジェクトに取り組んでいる。２年に一度、国際サミットを開催したり（２０１８年には30ヵ国近くが参加）、総額１０００万元以上のシビックテック・イノベーション助成金を発行するなど、その規模は決して小さくない。オードリーを語る時、この〈g0v〉は重要なキーワードだと言えよう。後述する２０１４年の〈ひまわり学生運動〉でもオードリーは〈g0v〉のメンバーとして貢献しているし、入閣後は自らプロジェクトを実行することは無くなったものの、今でも〈g0v〉のSlack（チャットルーム）に入り、やりとりは続いており、時には問題解決をサポートすることもある。２０２０年のコロナ禍でマスクマップを開発したのも、彼女が〈g0v〉と共に行ったことだ。

ここでは〈g0v〉のあらましと、オードリー自身がそこで手がけたオンライン言語辞典の〈萌典moedict〉を紹介する。

きっかけは、台湾史上最悪の広告

〈g0v〉が始まるきっかけとなったのが、２０１２年２月に行政院が打ち出した〈経済力推進プラン（原名：経済動能推升方案）〉の動画広告だ。巷では「台湾史上最悪の広告」と呼ばれている。

この動画広告で流れるナレーションの拙訳は以下の通り。

実際の〈経済力推進プラン〉動画広告より

「〈経済力推進プラン〉とは、何でしょうか？　私たちはわずかな言葉で簡単に説明して、皆様にご理解頂きたいと強く思っています。ですが、わずかな言葉数では、こんなにたくさんの政策を説明することはできません。なぜなら、経済発展のためには完璧な計画が必要であり、それでこそ経済は動き出せるのです。だからこのプランは当然複雑になります。重要なのは『たくさんのことが今、加速して進行中』だということです。これを実行すれば、間違いない！」

開いた口が塞がらなくなるような、まったく中身のない内容だが、これは当時の政府が実際に流した広告なのだ。

これに対して、「政府は国民のためにあるものなのに、政策を説明せずに進めるのはおかしい」と立ち上がったのが、高嘉良《ガオ・チャーリャン》、呉泰輝《ウー・タイフォイ》、陳學毅《チェン・シュエイー》、郭嘉渝《グウォ・チャーユー》ら４人のシビックハッカーだ。彼らは、台湾Yahoo!奇摩《ディーモォー》が主催したハッカソン〈Yahoo! Open Hack Day 2012〉に参加し、政府の予算データをオープンデータ化して見せた。ハッカソン（Hackathon）とは、ハック（Hack）とマラソン（Marathon）を組み合わせた造語で、エンジニアやデザイナーら

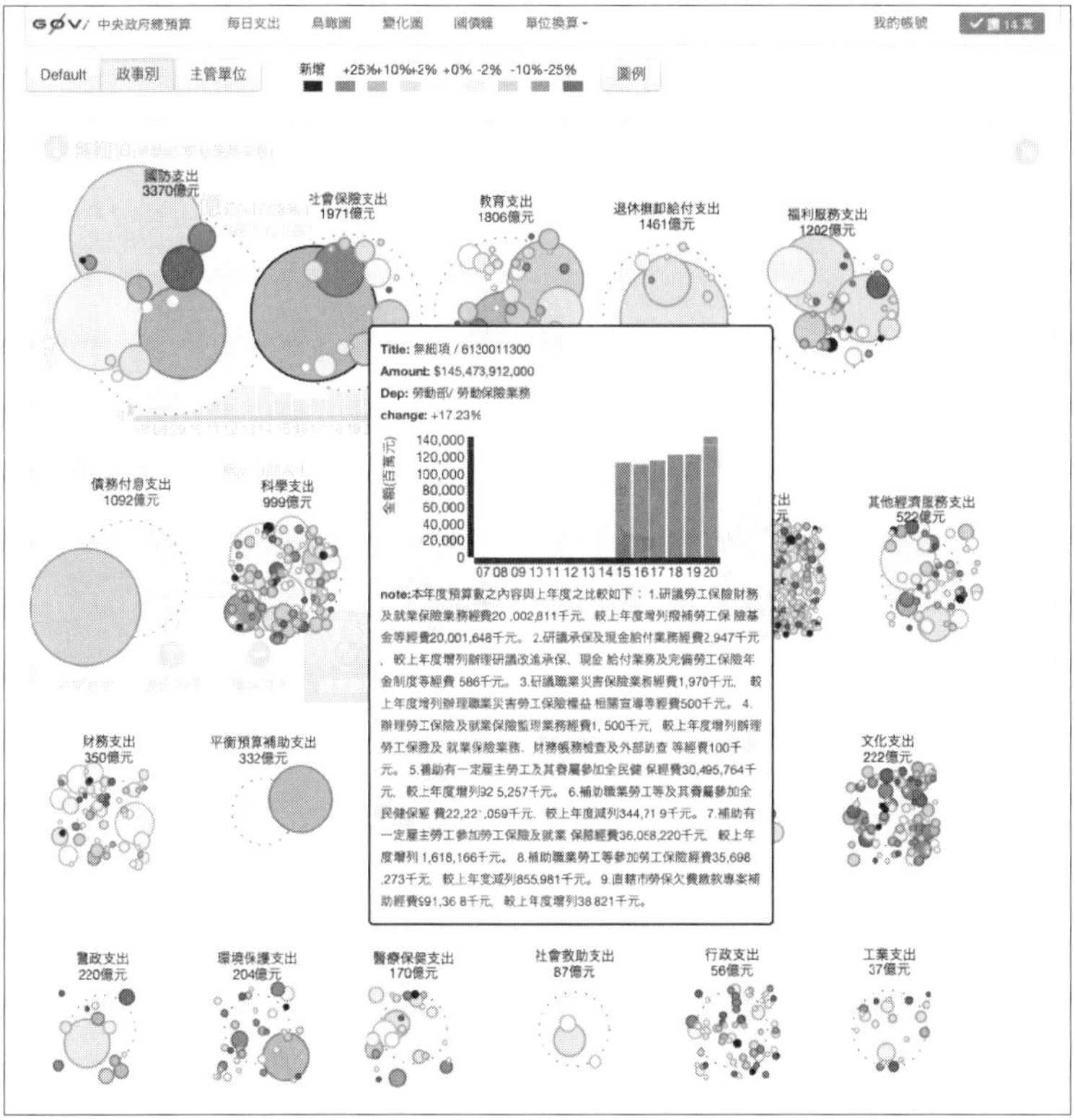

出典：零時政府 中央政府総予算

が一定期間、集中して開発作業を行うイベントのことである。IT業界では頻繁に開催されているもので、特定のチームを組み、意見やアイディアを出し合いながら制限時間内に出したアウトプットで成果を競う。

　上の図を見てほしい。これは、各行政ごとの各支出項目とその額について年単位での推移を可視化したものだ。たとえば「社会保険」にまつわる総合支出は年間およそ1971億元で、そのうち最も多い支出は労働部管轄の「労働保険業務」のおよそ１４５４億元。２０２０年の予算配分は前年比で＋17・23％ということが、一目でわかる。

budget.g0v.tw

台湾Yahoo!奇摩主催のハッカソン〈Yahoo! Open Hack Day 2012〉に参加した高嘉良（写真左）ら、4人のシビックハッカーたち。賞金5万元を獲得した。出典：オードリー作成〈萌典與零時政府〉

2ヵ月に一度、ハッカソンを開催

これをきっかけに、プログラマーの高嘉良（シビックハッカー・コミュニティでは愛称〈clkao〉と呼ばれることの方が多い）とその妻、作家でドキュメンタリー監督の瞿筱葳《チュー・シャオウェイ》（愛称：ipa）が共同発起人となり、〈g0v〉は２０１２年末に設立された。〈g0v〉の代表的な活動の一つが、２ヵ月に一度開かれる70～１００人規模の大ハッカソン。市民から自発的に議題を上げてもらい、そこに政府の関係者や専門家などに加わってもらいながらオープンな場で討論するというもので、誰でも無料でエントリーすることができる。

2020年10月24日に開催された〈g0v〉ハッカソンの様子。子どもから大人までがリラックスした雰囲気で様々なプロジェクトを進行していた。この時も会場に高嘉良の姿があった。

オードリーが関わった、オンライン言語辞典〈萌典 moedict〉

〜台湾で最も権威ある国語辞典のウェブ版〜

この〈g0v〉において、オードリー自身の手でメンテナンスされた唯一のプロジェクトが、2013年1月のハッカソンで提案・開発され、今でも台湾で広く使われているオンライン言語辞典〈萌典《モンディィエン》 moedict〉（以下、萌典と記載）だ。

この〈萌典〉には、約16万もの台湾華語（北京語が台湾にローカライズされて台湾独特の表現が増えたもの。特にその差を強調する必要のある場合を除き、本書では「中国語」と記載している）、約2万の台湾語（ホーロー語）、1万4000の客家語《はっか》が収録されており、英語、フランス語、ドイツ語の対訳が付けられている（日本語訳のボランティアに名乗りを上げたいところ。有志求む）。

もともと台湾の教育部にも、1996年に公開されたウェブ版の〈重編國語辞典改定本〉というものがあった。台湾華語の定本として貴重な辞書であり、公開以来の17年間で訪問回数は約2億回と、多くのニーズがあることを窺《うかが》わせる。ただし、このウェブ版は公開後ほぼ更新されていない。そのため、スマートフォンやタブレットでは閲覧できず、外部によるリンクの設置が許可されているのはトップページのみで、下層の個別ページへリンクを設置する際には許可が必要など、使い勝手に大きな課題

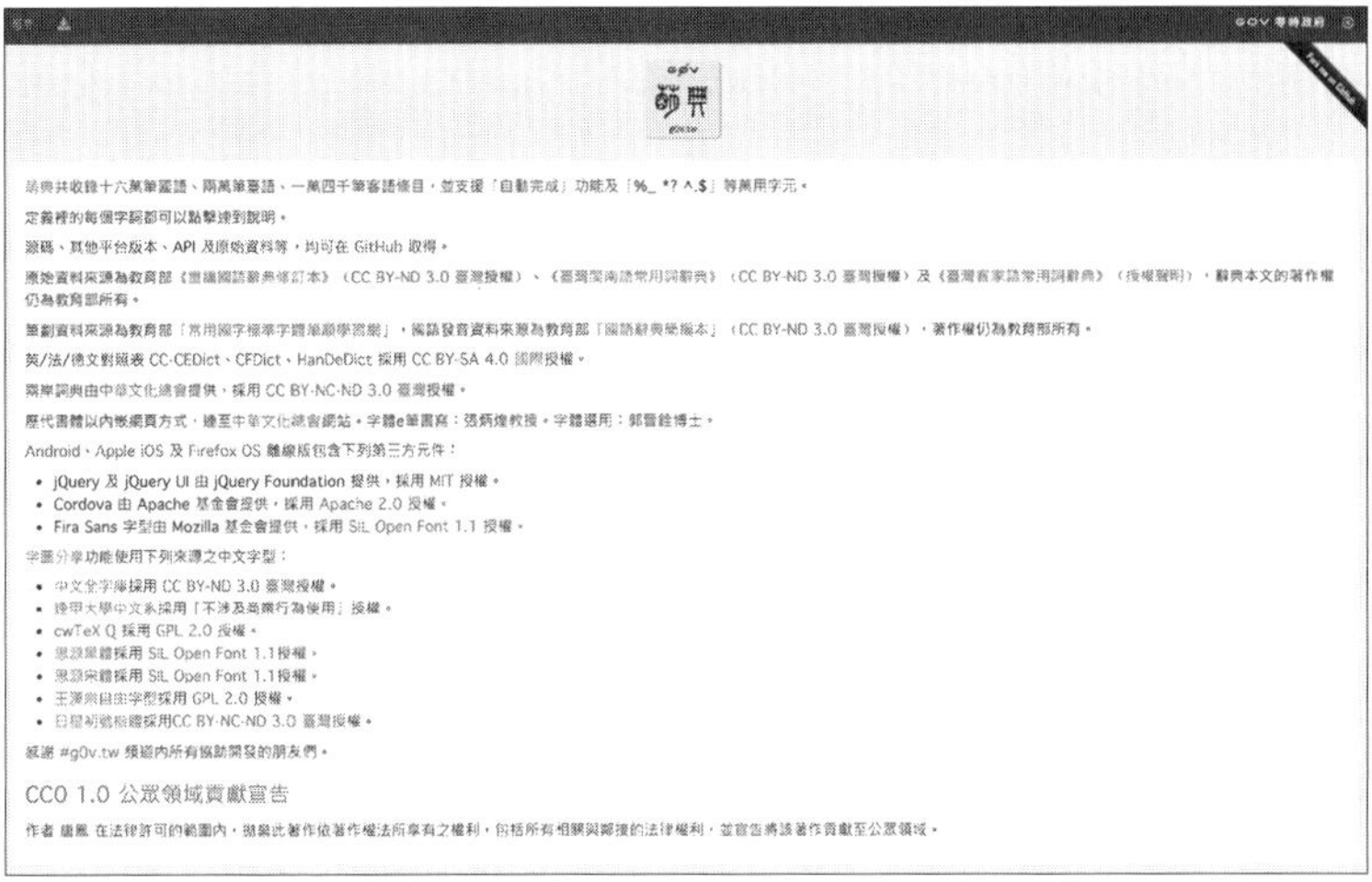

出典：ウェブ〈萌典〉(moedict.tw/)

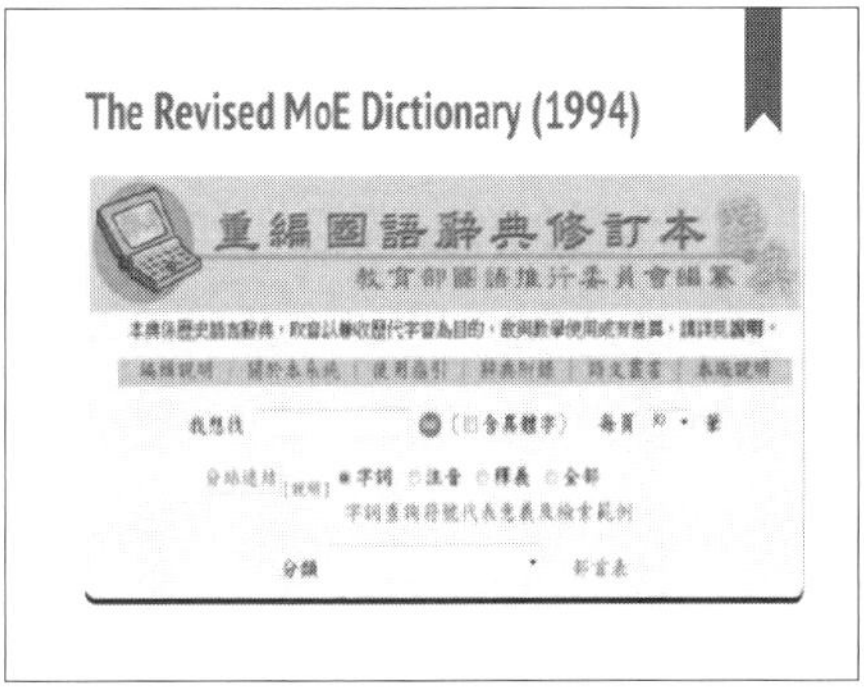

教育部によるウェブ版〈重編國語辞典改定本〉。
出典：オードリー作成〈萌典與零時政府〉

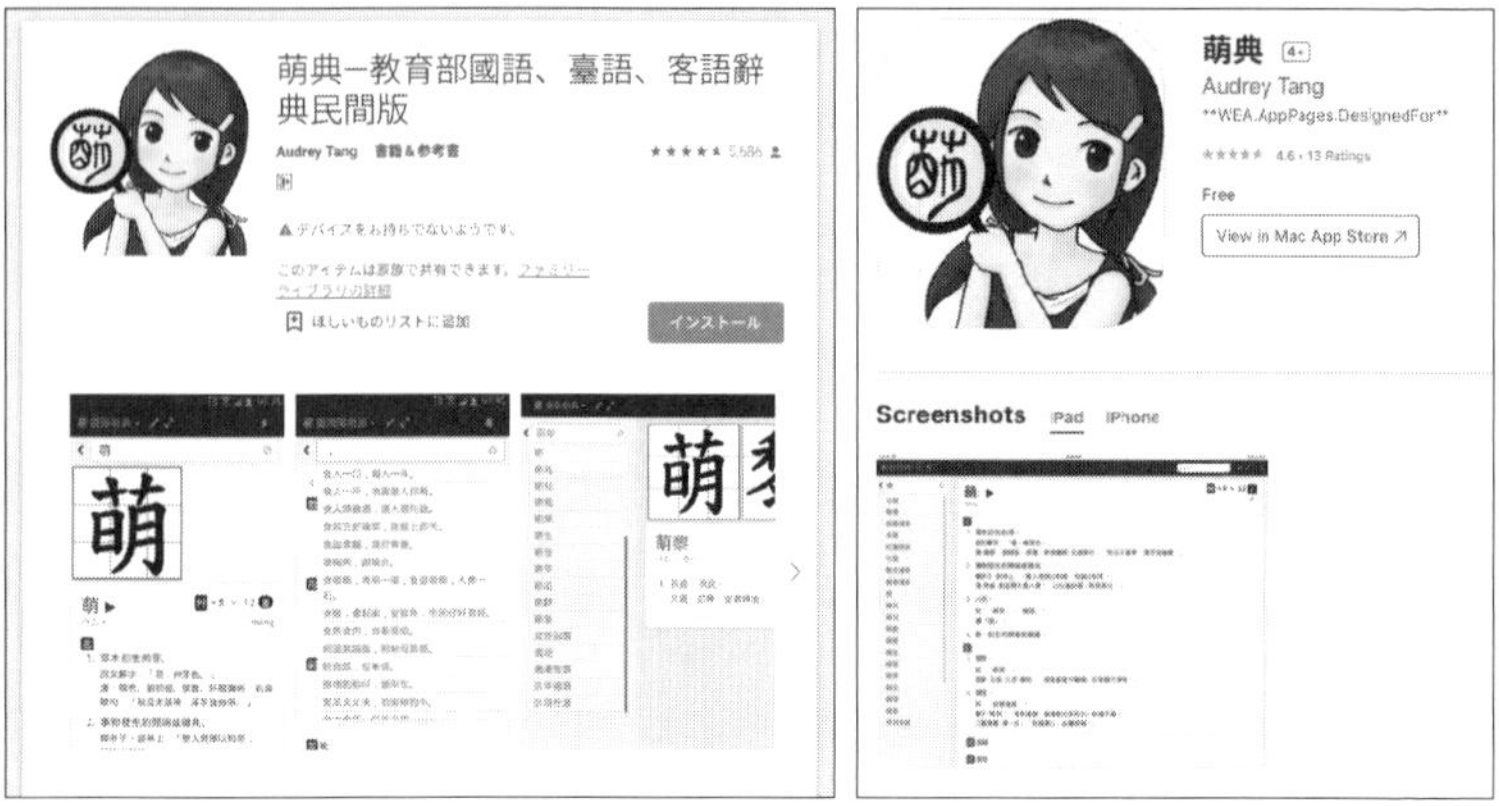

左がAndroid版、右がiphone版の〈萌典〉アプリ。どちらもユーザーからの評価は最高5点中 4.6と非常に高い(2020年10月時点)。

があった。

2013年に開かれたハッカソンに、アメリカからオンラインで参加した教授の葉平《イエ・ピン》は、この〈重編國語辞典改定本〉をオープンデータ化することを呼びかけ、それに応えたオードリーを含む30名ほどのハッカーらが、夜通しの作業でこの〈萌典〉を開発した。同年3月23日のハッカソンから始まり、ローンチ（公開）したのはその翌日だったというからものすごいスピードだ。その後、数ヵ月の審議を経て教育部はこの〈萌典〉を認可し、現在では毎月数百万もの訪問がある、台湾になくてはならないツールとして定着した。

ちなみに、若い世代の日本人なら誰しも〈萌典〉の「萌」という文字が気になるところだと思うが、これは教育部（Ministry of Education）を表す略称〈MOE〉の発音が、ちょうど日本の若者を中心に流

國語辭典
Search
國語
國 語
guó yǔ
1. 全國統一使用的標準語，有別於方言。
反 方言 2.外語
2. 本國特有的語言。如清代稱滿洲語為「國語」。
3. 書名。春秋
、魯、齊、晉、鄭、楚、
吳、越等八
，共歷五百餘年，為一分
國紀事之史
也稱為「春
語 言
yǔ yán
人類用嘴說出來的話，由語音、語彙和語法所組成，是表達情意、傳遞思想的重要工具。
閩 官話
客 官話
英 Chinese language (Mandarin), emphasizing its national nature, Chinese as a primary or secondary school subject, Chinese in the context of the Nationalist Government, Guoyu, book of historical narrative c. 10th-5th century BC
法 langue chinoise (mandarin)
德 Hochchinesisch, Mandarin (taiwanisches Mandarin, im Gegensatz zu 普通話) (S, Sprachw), Landessprache (S, Sprachw)
〈萌典〉のページの一例。

行した、可愛いという意味の「萌え」の発音と同じであったこともあり、この名前を付けたという。こんなところに思いがけず日本との繋がりがあったことに、嬉しくなってしまうのは私だけではないはずだ。

〈萌典〉の使い方はとても簡単だ。前頁の写真を参考にしてほしい。たとえば、「國語」を調べるとこのように結果が表示され、各説明文内の単語をマウスオーバーすると、さらにそれぞれの言葉の意味が表示される。中国語は、日本語と同じ漢字であっても、筆順や止め・跳ね・払いなどの筆画が違うものもあるが〈萌典〉ではそれぞれの漢字の筆順まで見ることができて、音声読み上げ機能もある。オードリーは、「一つ一つの言葉にパーマリンク（それぞれに独立した重複しないＵＲＬ）が必要で、それをシェアしやすいようにすることが大切」だと話す。実際、「國語」について記載されているページのＵＲＬをFacebookでシェアしようとすると、右写真のようなＯＧＰ（ページ情報）が表示される作りになっている。

また、〈萌典〉は〈重編國語辞典改定本〉を基盤としながらも、後から複数の辞典の情報が追加されることでその網羅性をさらに高めている。そのため〈萌典〉内で同一の内容に関して異なる表記が存在することも起こり得るが、その場合、アクセスしたユーザーらにどちらが正解かの判断を求め、最適解を探る仕組みが採用されている。実際、とある誤植に関しては、18日間で５６０２人もの参加者により補正されたことがあるという。

台湾にとって重要な「言語の保存・継承」にデジタルで貢献

台湾には、政府に認定されているだけでも16の原住民族がいて、それぞれ文化も言語も異なる。原住民族とは、17世紀頃に中国大陸から漢民族が入ってくる以前より、もともとこの地で暮らしていた先住民族のことだ。台湾の中国語で「先住民」とは「すでに存在しなくなった」という意味合いがあるため、政府公認で「原住民族」という表記が使用されている。その中でも最大の人口を持つアミ族（約21万人）についても、翌２０１４年のハッカソンで、専門の〈アミ語萌典〉が開発されている。なんと、わずか53時間で８万語以上のアミ語が登録された。

多民族国家である台湾では他にも、古くから使われていた台湾語や客家語、台湾華語など、言語文

2014年のハッカソンで開発された、台湾最大の原住民族アミ族専門の〈アミ語萌典〉。

化の保存と継承が重視されるようになってきている。また、年々増加する海外からの移民の言語にも向き合おうとしている最中だ。さらに逆に台湾から海外に移住した台湾人の中に、「自分たちのルーツである台湾華語を子どもたちに継承していきたい」というニーズもある。このように、オードリーら〈g0v〉のメンバーは、台湾にとって重要なテーマである「言語の保存・継承」にシビックテックやオープンソースといった概念で大きく貢献した。

中国語の学習者であり、人に物事を伝える仕事に携わる私自身も、日々の執筆の際にほぼ毎日、この辞書に当たっている。台湾で使われている中国語（台湾華語）は、同じ北京語でも中国で使われているものと単語や意味合いが大きく異なる。だが、日本で一般的に流通している北京語の辞書がカバーしているのは中国版であるため、ほぼ使うことができない。だから、安心して参照できる情報の拠り所があるというのは、本当にありがたいことこの上ない。こうして言語が継承され、学習され、台湾の文化の礎となることに対して、〈萌典〉の存在は重要な役割を果たしていると言えよう。

2 〈ひまわり学生運動〉——2014年、春

まさか自分が、〈ひまわり学生運動〉についての原稿を書く日が来るなんて、思ってもみなかった。当時の私はシングルマザーで、中国語もほぼ話せないまま現地企業で働いており、毎日を過ごすことに必死だった。その時起きているのが大きな出来事だということは感じていたものの、子細の把握はしていなかった。けれどオードリーについて語る時、この出来事は避けて通ることはできない。なぜなら、彼女がデジタル担当大臣として入閣するまでの道程で、この〈ひまわり学生運動〉が大きなきっかけとなったからだ。

1980年代以来の台湾において最大規模となるデモ

〈ひまわり学生運動（原名：太陽花學運《タイヤンファー・シュエユン》）〉は、2014年3月18日から23日間に亘って続いた民衆の政府に対する大規模な抗議行動で、日付にちなんで〈三一八学生運動〉とも呼ばれている。見落と

したくないのが、デモの名称に「学生」とあるが、参加していたのは決して学生だけではないということだ。その規模の大きさについて、ここで言及しておきたい。

台湾では「1980年代以来の台湾において最大規模となるデモ」と表現されることが多いのだが、日本人にしてみれば「台湾の1980年代」と言われても、ピンと来ないかもしれない。私もそうだった。ちょうど自分の生まれ年が1980年だという程度で。

とても大事なことなので脇道に逸れるがここで説明させてほしい。

皆さんは、過去に日本が台湾を統治していたことをご存じだろうか。1895年から1945年に第二次世界大戦で日本が敗北するまでの50年間、日本は台湾を統治していた。敗戦をきっかけに日本が撤退すると、蔣介石率いる〈中国国民党（以下、国民党と記載）〉が台湾を接収。だが、中国から来た人（外省人）と、もともと台湾に住んでいた人（本省人）との間には対立が生まれる。1947年には闇タバコを販売する本省人女性を、外省人の役人が取り締まりの際に暴行し、それを機に〈二二八事件〉が勃発。両者の対立が各都市で激化した。

続く1949年から1987年までの38年間、台湾では戒厳令が敷かれた。為政者の政治的な敵対者とみなされた民主運動家や知識人、さらには一般民衆までもが暴力の対象となる〈白色《はくしょく》テロ〉が横行した。問答無用で急に連行され、拷問され、時には投獄、処刑される者もいた。その多くが冤罪だったことをずっと後になって政府が認めて謝罪しているが、正確な犠牲者を示す資料は残っていないとされる。その恐怖は台湾人のＤＮＡに染み込み、平和な世となった現在でさえ、ほんの十数年前までは、一般家庭で〈白色テロ〉を話題にすることははばかられていたと聞く。

１９８６年には戒厳令解除を求めるデモ〈五一九緑色《りょくしょく》運動〉が起き、現政権の〈民主進歩党（以下、民進党と記載）〉が成立。その翌年、ついに戒厳令が解かれ、徐々にではあるが、台湾は民主社会を取り戻し、さらなる前進を始める。このように１９８０年代とは、台湾の民主社会にとって重要な出来事が次々と起こる激動の時代であった。「台湾民主化の父」と呼ばれる李登輝《リー・トンホイ》元総統（２０２０年没）も、〈白色テロ〉の恐怖を経験したことが、民主化運動の原点になったと語っている。

そんな〈白色テロ〉時代を描いた映画『返校《ファンシャオ》』（監督：徐漢強《シュー・ハンチャン》、主演：王淨《ワン・ジン》、曾敬驊《ツォン・ジンファ》）は、２０１９年度に台湾最高の興行収入を記録する大ヒットとなった。この映画のキャッチコピーは〈忘れたの？それとも思い出したくない？〉。「あの時代には絶対戻りたくない」という台湾人の強い想いが感じられた。日本でも２０２１年に公開が決まっているので、ぜひ多くの方に観て頂きたい。

１９９０年３月には６０００人近くの学生が中正紀念堂に集った〈野ゆり学生運動〉が起き、台湾の民主化を大きく前進させたとされているし、２００８年11月には馬英九《マー・インチウ》と行政院長（日本の首相に相当）に対して人権弾圧への謝罪を求め〈野いちご運動〉が起こるなど、様々なデモの歴史があり、

台湾のロックバンド〈滅火器楽団《ミエフオーチーユエトゥアン》 Fire EX.〉が歌う〈ひまわり学生運動〉のテーマソング『島嶼天光《ダオユーティェングワン》』のミュージックビデオより。楽曲の版権と映像権が無料で使用できるよう解放されている。

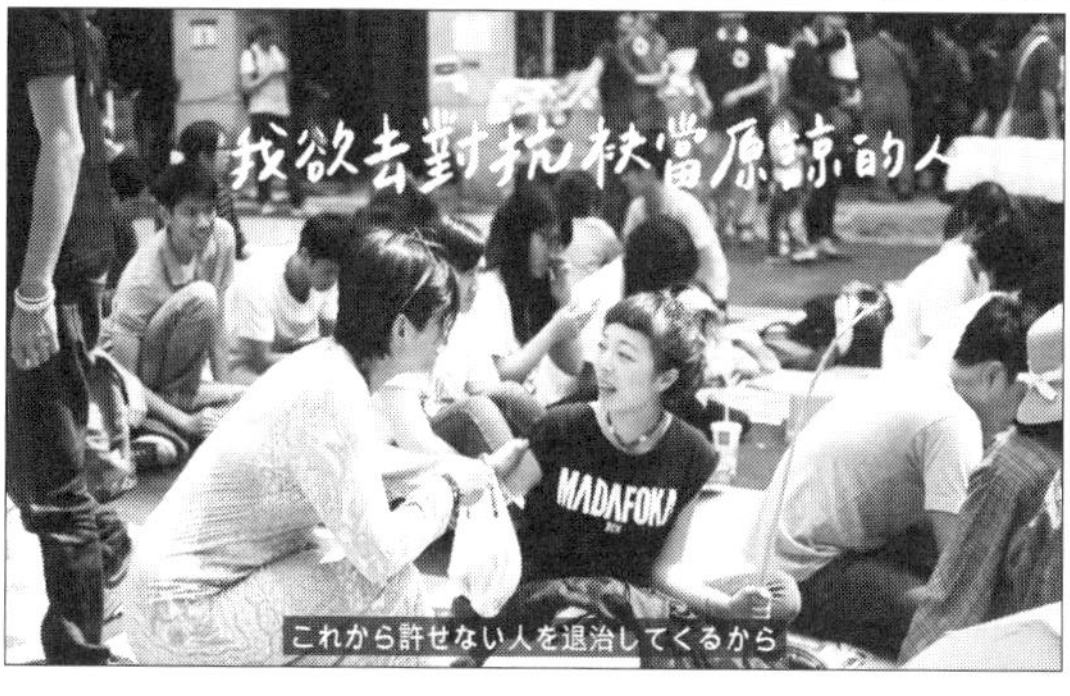

デモで座り込みをする娘に食事を届ける母親の様子が描かれている場面。食事が手作りではなくテイクアウトなのが、いかにも台湾らしい。(写真3点とも:『島嶼天光』MVより)

それらは2014年に起こったこの〈ひまわり学生運動〉へと深く繋がっている。

そして、この〈ひまわり学生運動〉は、それらを大きく上回る規模だったということだから、そのインパクトがどれほどのものなのか想像頂けるだろうか。デモに参加した人数は10万人とも35万人とも、50万人とも言われているが、正確な数字は明らかになっていない。デモ会場にいなくても、インターネット上のライブや記録にアクセスするという方法で参加した国民もいたことから、正確に集計することは困難だ。(参照:〈Over 100,000 protest in Taiwan over China trade deal〉(2014/3/30 Reuters)、〈330遊行:主辦單位宣布凱道已滿 現場逾35萬人〉(2014/3/30 ETtoday新聞雲 筆者補足:デモ隊によれば現場に集結したのは35万人を超えていたとあるが、集計方法ははっきりしない。台湾のドキュメンタリー映画『私たちの青春、台湾(原題:我們的青春,在台灣)』では、50万人と伝えている)。

当時、私は台湾のデジタルマーケティング企業で働いていた。部下も同僚も、大学を卒業して働き始めた若者ばかりだったが、普段は人に弱みを見せることのない優秀な子も、おとなしい子も、自撮りとセルフブランディングに夢中な子も、皆がお揃いのTシャツを着てデモに参加しに行く姿はとても印象的だった。私が過去に暮らしていた日本社会では、政治的な発言や行動をするのはご法度といった雰囲気があったから。

〈ひまわり学生運動〉のあらまし

では〈ひまわり学生運動〉はなぜそこまで大規模なデモに発展したのだろう。

2014年3月17日、台湾の最高立法機関である立法院（日本の国会に相当）では、台湾・中国間におけるサービス分野の市場を開放する〈サービス貿易協定〉に関する審議が行われていた。しかし、当時の馬英九政権下で与党だった国民党の議員が一方的に審議を打ち切り、強行採決してしまう。

この〈サービス貿易協定〉で、台湾は通信・病院・旅行・運輸・金融などの市場を中国資本に対して条件付きで開放することになり、これは台湾のサービス業従事者にとって大打撃となることは不可避だった。野党・台湾団結連盟の試算によればその影響は542万人にも及ぶとされる。多くの人々に関わるこの大事な協定の締結について、当時の政府は一切状況を国民に公開せず、協定締結後に初めて、締結したことを明らかにしたのだった。

こういった政府の不透明さに対し、野党だけでなく国民も不満を訴えた。翌日の18時頃からデモを起こして立法院周辺に集まり、300名を超える学生たちが立法院の議事堂内に侵入し、占拠した。立法院が学生らに占拠されたのは台湾史上初だったという。「拒絶黒箱《ヂィーヂュエヘイシャン》，退回服貿《トゥエホイフーマオ》（「ブラックボックスを拒絶し、協定を差し戻せ」といった意味）」をスローガンに抗議デモが拡がっていった。

〈ひまわり学生運動〉という名称は、立法院議事堂を占拠しているデモ隊に向けて匿名の国民からひまわりの花が贈られたことに由来し、希望の象徴として議事堂には次々にひまわりが届けられた。台湾で使われている中国語でひまわりは、日本と同じく向日葵《シャンリークイ》と書くが、このデモは中国語で

立法院議事堂でひまわりの花を携える市民

立法院議事堂に立つ〈ひまわり学生運動〉中心人物の一人・陳為廷の前にも、たくさんのひまわりが並ぶ。（写真2点とも：映画『私たちの青春、台湾』より）

太陽花學運《タイヤンフゥア・シュエユン》と呼ばれている。これは「ブラックボックスに光を差し込む」という意図により、英語のSunflowerを直訳して「太陽花」と表現したもので、このデモの背景を色濃く物語っている。

〈ひまわり学生運動〉の中心人物は、台湾の最高学府である台湾大学の学生だった林飛帆《リン・フェイファン》らで、林飛帆は現在、蔡英文総統が所属する民進党の副秘書長を務める政治家になっている。また、台湾のミュージシャン〈滅火器楽団〉が48時間で作り上げたという『島嶼天光（邦題：この島の夜明け）』がこのデモのテーマソングとなり、多くの若者たちを動かした。台湾でミュージシャンが政治的な発言をすることはまったくないわけではないが、とても勇気のいる行動だ。この件で台湾全土に広く名を知られることとなった〈滅火器楽団〉は、2020年1月に行われた台湾総統選挙の際に蔡英文からテーマソングを依頼されており、〈ひまわり学生運動〉という歴史が、今と強い結びつきがあることを感じさせる。

〈ひまわり学生運動〉について、台湾のニュースでも報道されていない貴重な内部映像を残したドキュメンタリー映画『私たちの青春、台湾（原題：我們的青春，在台灣）』が、2020年10月末に日本でも公開になった。運動の中心人物の一人、陳為廷《チェン・ウェイティン》と、中国から台湾の大学に留学中の人気ブロガー・蔡博芸《ツァイ・ボーイー》に、1982年生まれの女性監督・傅榆《フー・ユー》が密着したものだ。

そこで映し出されているのは、「ブラックボックスを拒絶せよ」というスローガンを掲げて政府に透明性を求める反面、デモ隊自身も人を寄せ付けない密室で戦略会議を行うという矛盾。この映画では、陳為廷が香港に渡り、香港の活動家らと交流するシーンも収録されている。そこには、日本でも知名度の高い黄之鋒（ジョシュア・ウォン）や、周庭（アグネス・チョウ）らの姿もある。若者が未来の自分たちの国を守ろうとする姿が映し出されている。一方、デモが思いもよらぬ規模に発展し、中

ドキュメンタリー映画『私たちの青春、台湾』メインビジュアル。（原題：我們的青春，在台灣　Our Youth In Taiwan、監督：傅楡、2019年公開）©7th Day Film All rights reserved.）

陳為廷が香港に渡り、香港の活動家らと交流するシーン。黄之鋒や周庭らの姿も。（映画『私たちの青春、台湾』より）

と外のコミュニケーションが取れずに分断されていく焦り、前に進まず、空中分解する議論など、民主主義の脆さ、難しさがダイレクトに伝わってくる。

＊陳為廷はその後、選挙に立候補した際、過去に痴漢の常習犯であったことが明るみになっている。結果は起訴猶予処分。この作品はドキュメンタリーであり、テーマが〈ひまわり学生運動〉や民主主義の難しさであることに異論はないが、後半部分では陳為廷が自身の痴漢行為について言及する場面があることを、ここに記しておく。

デジタルを活用したコミュニケーションの確保

それまでのオードリーは、ＩＴ業界でずば抜けたスキルを持つ人物として世界的に有名であったが、この〈ひまわり学生運動〉を機にさらに広く、政府内にまでその存在が知られるようになる。〈ひまわり学生運動〉で、オードリーら〈g0v〉が行ったこと、それは、デジタルを活用したコミュニケーションの確保だった。市民（政治的な共同体である社会の構成員）は会話を求めて立法院に集まった。「考えや主張が異なるもの同士、まずはお互いを見えるようにするべきだ。その上で、合理的な対話をして解決の糸口を見つけよう」。それが彼女たちの姿勢だった。デモ初日の夜から最終夜までの22日間、立法院議事堂内も外もお互いの様子がリアルタイムでわかるように、YouTubeライブなどを利用してライブ中継を行ったのだ。

〈サービス貿易協定〉は中国と関係があるため、中国に近い台湾メディアがデモ隊を批判するなど、報道のされ方も媒体の立場によって様々だった。また、独立主義者や左派は当然のこと、環境保護主義者、人権擁護者、労働者など20ほどのＮＧＯがそれぞれの主張を持ち、〈サービス貿易協定〉に関わる議論を多角的に展開した。そんな中でオードリーらは、ライブ中継という手段により、主観を入れることなく現場の様子を伝える中立な立場を守った。ライブ開始初日、明け方の４時には

4万8000人以上もの人々がアクセスしていたという。

当時、立法院の周囲には数十万という人々が集まったため、通信状況は壊滅的で、4Gは接続できない状態だった。オードリーらはスムーズな通信を確保し、今何が起きているか、誰がどんな発言をしているかをスクリーン上に映し出し、特設サイトで映像や議事録をアーカイブした。

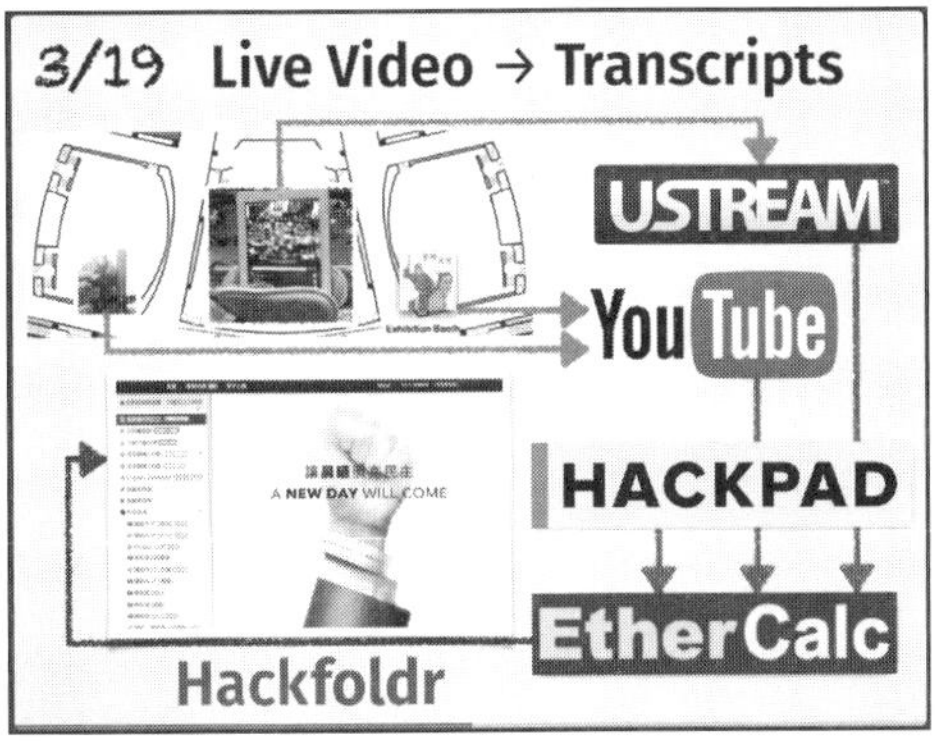

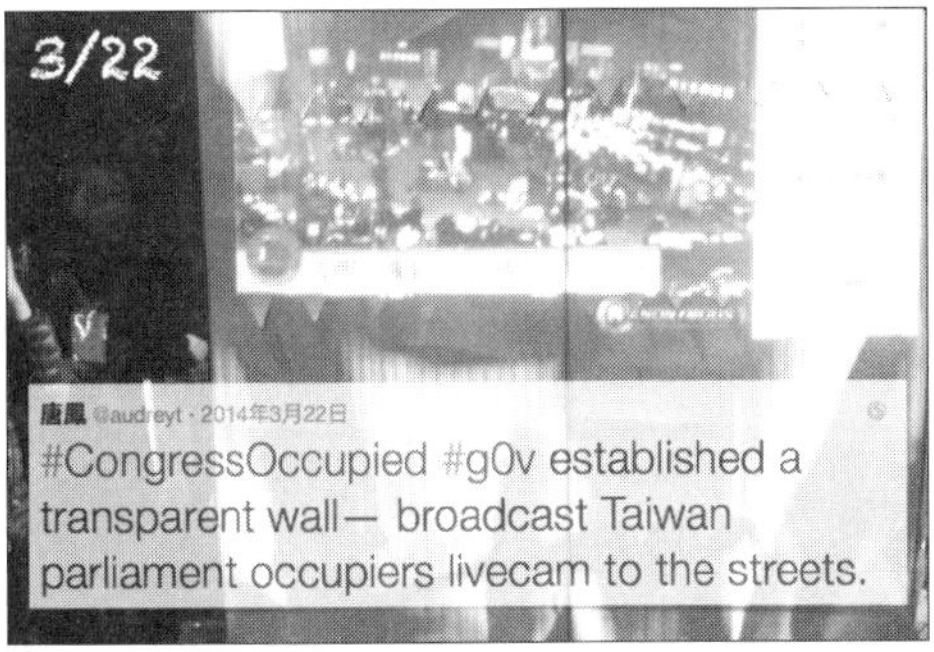

2点共に：オードリー作成のスライド資料より。（出典：g0v à le gouvernement Presentation at CNRS.fr and Paris.fr on September 9. by 唐鳳）

立法院議事堂内の様子。（『島嶼天光』MVより）

「国民が参加するからこそ、政治は前に進める」

「カメラがある場所と無い場所で、人が取る行動は変わる」

そうオードリーは話す。実際、至るところに設置されたカメラの効果か、「昨日はここまで話したから、今日はここまで話そう」と3週間に亘って話し合いが行われ、最終的に関係者の合意を得た要求をまとめることに成功する。そして4月6日には当時の立法院長・王金平《ワン・ジンピン》がその国民の要求に答える形で〈兩岸協議監督條例（協定を監督する条例）〉の立法化を優先し、それまで〈サービス貿易協定〉の与野党審議は行わないと発言。デモ隊は占領していた議会から退出する形で幕を下ろした。

〈ひまわり学生運動〉は、台湾の民主主義の歴史において「成功したデモ」「前進」と位置付けられている。国民ができるだけ合理的に主張を届け、それが政府側に受け入れられた格好だからだ。インタビュー時に私が聞いたオードリーの言葉**「国民の話が合理的であれば肯定される」**がそれを表している。

「国民は発見したのです。そもそもデモとは、圧力や破壊行為ではなく、たくさんの人に様々な意見があることを示す行為だということを。政治は国民が参加するからこそ、前に進める」

4月9日に撮影されたライブ放送現場。
（出典：太陽花學運 2014/04/09 退守前夜 by othree(CC BY 2.0)）

デモが身近に無い環境で育った私にとって、見方が180度変わる言葉だった。同時に、今の日本にも必要な概念だと切実に感じた。だからこそ、この時のインタビュー記事のタイトルを〈国民が参加するからこそ、政治は前に進める」――38歳の台湾「デジタル大臣」オードリー・タンに聞く〉とした。この歴史的な出来事は、「情報を徹底的に開放することは、関係者にとって大きなメリットとなる」というオードリーの考えが、台湾の政府機関にも届く大きなきっかけとなった。

これ以降の台湾では、官民間の対話の機会が増えたという。映画『私たちの青春、台湾』で描かれているような民主主義につきまとう困難を、オードリーら〈g0v〉のシビックハッカーたちはデジタルの活用で克服し、対話を生ませた。それは国民だけでなく政府内部の人々の目にも、希望の光として映ったことだろう。
オードリーは、この映画の日本での公開に向けて、このようなコメントを寄せている。

「〈三一八ひまわり運動〉は、1980年代以降の台湾における最大規模の学生・市民による抗議運動で、台湾における行政をも巻きこむ社会活動の展開に、現在に至るまで深く影響を及ぼしている。運動の主力として、多くの若者が痛みや熱い思いを体験し、改めて人生の進むべき道を決めていった。『私たちの青春、台湾』は、運動の過程での喪失や奮闘を真摯に記録しており、民主的な社会にとって最も意義のある教訓になっていると言っていい。それは、単に未来を夢見るだけではなく、困難と向き合い勇気を持って挑戦してはじめて、本当に自分の進むべき道に出ることができ、私たち自身を通して未来を呼びこむことができる、ということなのだ」（『私たちの青春、台湾』オフィシャルサイトより引用）

これから先の台湾を、「戒厳令が敷かれていた時代は経験していないけれど、〈ひまわり学生運動〉は経験した」という子どもたちが背負っていくことを想像する。
今、オードリー直属の秘書は2名いる。そのうちの一人は私より年下の、記者出身の彭筱婷《ポン・シャオティン》だ。

デモのハチマキをする子どもたち。（写真：『島嶼天光』MVより）

彼女はこの〈ひまわり学生運動〉の現場で、たまたま隣にいたオードリーと知り合ったことが縁で現在の職位に就いている。

オードリーら〈g0v〉と共に〈ひまわり学生運動〉を駆け抜けたヘヴィメタルバンド、〈ソニック（原名：閃靈樂團、ChthoniC）〉のボーカル、林昶佐《リン・チャンズォ》（フレディ・リム）は、2015年に仲間たちと新党〈時代力量〉を設立し（現在は離党）、翌2016年には立法委員選挙で当選。現在は立法委員（日本の国会議員に相当）として、国会のオープン化に取り組んでいる。

オードリーだけではない。台湾の民主主義について語る時、〈ひまわり学生運動〉は避けて通ることのできない重要な歴史となったのだ。

Interview1

シビックハッカー・コミュニティ〈g0v《ガヴ・ゼロ》（零時政府）〉発起人 ガオ・チャーリャン

高嘉良（clkao）
1981年生まれのソフトウェアエンジニア。1997年の「国際情報オリンピック（高校生がプログラミング能力を競う世界大会）」がきっかけで、台湾の最高学府・台湾大学の情報学部へ受験無しで進学し、その後中退。2012年に友人らとシビックハッカー・コミュニティ〈g0v（零時政府）〉を設立。2018年にBtoBでAIソリューションを提供する〈InfuseAI〉を起業。

オードリーと出会ったのは大学の頃。
なかなかいない存在だよ、初対面ですぐにあそこまで話ができるなんて。

オードリーと初めて会ったのは、友人の紹介で、1998年かそこらかな。僕はまだ大学生で、台湾大学の隣のマクドナルドで会った。後から皆と一緒に〈藝立協《イーリー・シェ》（Elixir 藝術家獨立協會）〉を設立して、ブログを台湾に引き入れたり、オープンソースのソフトウェアを広めたりしたんだ。〈藝立協〉は〈g0v〉の前身とも言えるね。

僕がゲームで遊ぶためにコードを書き始めたのは小学生の頃。高校生で〈オープンソース〉という概念に出合って以来、今もそのコミュニティの中にいるよ。オードリーだって同じさ。

彼女と初めて会った時にはもう、技術のことから哲学的なことまでたくさん話した。まだGoogleも無い時代に、今で言うSaaS（インターネット経由でソフトウェア機能を提供するクラウド型サービス）みたいな感じで、どのようにインターネットを使えば異なるものを繋いで動かせるかとか、そういったことをね。

その頃のオードリーはまだ「オードリー・タン」ではなくて、「唐宗漢《タン・ソンハン》」という名前の男性だった。とにかく話すのが速いって思ったかな。あんなに全速力で対話したりコミュニケーションを取ったりできる人には滅多に会わなかったから。

そして僕たちは、プログラミング言語〈Perl〉のコミュニティに入った。インターネットが誕生したばかりの時代、〈Perl〉は最も人気のあるプログラミング言語の一つで、国際的なコミュニティがいくつもあったんだ。僕らは台湾の〈Perl〉コミュニティをオーガナイズしていたから、僕は世界各地を旅行しながら現地のコミュニティと交流して回った。それがきっかけで、数年間イギリスで働いたりもしたよ。

だから当時は起業や〈Perl〉コミュニティで忙しくしていたね。大学は途中で辞めたけど、まったく後悔していないよ。電子回路とか履修するのが嫌な必修科目もあったし、何よりその頃には海外とのプロジェクトに参加するほうがずっと面白かったんだ。

後になって、世界中の〈Perl〉コミュニティは、バージョン5から6に移行する際に問題の壁にぶつかっていた。オードリーはそれを前進させるのに大きく貢献したんだ。これはかなり難しいことだったから、エンジニアたちにとってとても大きな出来事だった。

〈ひまわり学生運動〉で、たくさんのＩＴ人材が〈g0v〉に集まってきてくれた。これまでデモに参加したことの無いような人もね。

〈g0v〉が広く知られるようになったのは、〈ひまわり学生運動〉がきっかけだったというのは間違いない。あの時、本当にたくさんのＩＴ人材が〈g0v〉を自分のアイデンティティとみなしてくれたし、さらに多くの違う領域の人たちが参加するようになった。

プラットフォーム「你被服貿了嗎？（あなたは「サービス貿易協定」された？）」のトップページ。

でも実のところ、〈ひまわり学生運動〉が２０１４年3月に始まるおよそ半年前から、僕たちは動き始めていたんだ。きっかけは、あのデモにおいて重要な役割を果たした頼中強《ライ・ヂョンチャン》という弁護士だった。ある日彼が〈g0v〉にきて、「〈サービス貿易協定〉というのがあって、すでに政府が協議書にサインしているというのに、国民はほとんど誰も知らない。君たち、資料を整理して皆に知らせることができないか」と提案してきたんだ。

　中国と〈サービス貿易協定〉を締結することについては、台湾のサービス業従事者が大きな影響を受けることが問題となっていたわけだけど、一体どれだけの人が影響を受けるのかを検証しようにも、行政院が書いた協議書のデータと、行政院主計総処（統計などを実行する部署）のデータがそもそも一致しないんだ。協定を書いた行政院はＷＴＯ（世界貿易機関）のカテゴリ分けに準拠しているって言うけど、それもところどころで古いバージョンのデータを参照していたりして統計方法が違うから、国民は客観的に判断ができなくて、議論は荒れに荒れたんだ。

　そうこうするうち、〈g0v〉にＩＴ人材たちが集まってきてくれて、「你被服貿了嗎?（あなたは「サービス貿易協定」された?）」っていうプラットフォームを作ったんだ。自分の会社の統一事業者番号や所属する業界を入れるだけで、自分が〈サービス貿易協定〉の対象者かどうかがわかるようにした。

これまでデモに参加したことも無いような人たちが、声援を送るだけじゃなく、政府に対して「審査」とはどんなものなのか、模範を示してやろうという気持ちで行動してくれた。そして参加する人が多くなればなるほど、僕たちの活動を知る人も増えていったんだ。

〈ひまわり学生運動〉は、これまでに前例のない平和的な抗議活動だったと僕は思う。街頭でデモ行進をするようなこれまでの抗議活動とはまったく違っていたんだよ。

オードリーは当時、様々な団体がライブ中継するのを手伝っていたと思う。僕は自分で作った〈Hackfoldr〉というオープンソースのプラットフォームで、〈ひまわり学生運動〉に関するライブ配信や議事録などを一元化してまとめて、〈g0v.today〉というドメインで公開した。〈Hackfoldr〉はその後、香港やフランスでもデモ活動の時に使われているよ。

2020年10月、〈g0v〉のハッカソンで登壇する高嘉良（clkao）。2ヵ月に一度行われるハッカソンには、毎回およそ100名ほどが集まる他、オンラインで参加する者も多い。

２０１２年以前は、僕だって政治に興味なかったよ。自分とは関係のないものだって思っていた。政府が出した、あの変な広告を見るまでは。

そういう僕も、２０１２年に政府が作ったあの変な広告（※）を見るまでは、政治に対して関心は無かったんだ。民主政治だって、自分とは大して関係のないものだって思っていた。

僕たちが受けた教育がそうさせたっていう部分はあるだろうね。僕らの世代は、政治というものは関わらなくて良いものだっていう概念を植え付けられている。ＩＴ業界は比較的給与も良いし、働き方もフレキシブルだから、ちょっと別のことに関心が向いていくっていう側面もあるかもしれない。他の人のことは知らないけど、少なくとも僕自身はそうだった。

２０００年代初期には〈Code for America（２００９年設立）〉とか〈Code for Germany（２０１４年設立）〉などが設立されて、世界的にシビックハッキングが流行り出したんだ。彼らは主に政府の作るデジタルサービスのダメなところをどうにかしようとして生まれた背景があるけど、台湾の場合はちょっと違っていた。デザインがダメなだけで、健康保険とか納税制度とか、それ自体は特に悪いものじゃなかった。

オープンソース・コミュニティにいるメンバーは、もともと考え方がオープンで、民主的であることに興味を持つ人が多いんだ。〈g0v〉に集まっているメンバーも同じ。それに〈g0v〉は組織ではなくコミュニティで、皆も別に誰かに強制されて集まっているわけじゃないからね。「自分はこれが問題だと思っていて、これをやってみたい」って誰かが言って、それに誰かが「ＯＫ、やってみよう」って集まってくる。

その中でオードリーはどんな存在かって？　そうだな、ゲームに喩えるなら魔法使いってとこかな。彼女は目立つだけじゃなくて、とにかく強い吸引力がある。引き寄せられた人材が自分で何かをやり遂げるのを彼女の魔法でバックアップしてくれる感じだね。

※２０１２年２月に行政院（内閣と各省庁を併せたものに相当）が打ち出した〈経済力推進プラン（原名：経済動能推升方案）〉の動画広告。〈g0v〉が始まるきっかけとなった。詳細は本章 シビックハッカー・コミュニティ〈g0v〉への参加と〈萌典〉に記載。

〈g0v〉はビギナーフレンドリー。

〈ひまわり学生運動〉で知名度が上がった後は、たくさんの人が〈g0v〉の活動にきてくれるようになった。〈g0v〉はビギナーフレンドリーでありたいと思っているから、彼らが早くなじめるように、メンバーで討論してビギナー向けのガイドラインを作ったんだ。

初めて参加する人も、できるだけ簡単に速く自分の役割を見つけて協業し、プロジェクトに取り組むことができるよう、さまざまな方法を取り入れて試しているよ。

もう一度言うけど、〈g0v〉は「組織」ではなくてコミュニティだからね。リラックスした雰囲気の中に、いくつものプロジェクトがあり、それぞれに小さな中心がある。プロジェクトベースで協業して、それがまた別のプロジェクトへと変化していくのが、オープンソース・コミュニティの仕事の仕方なんだ。今では皆もこのやり方にすっかり慣れているよ。

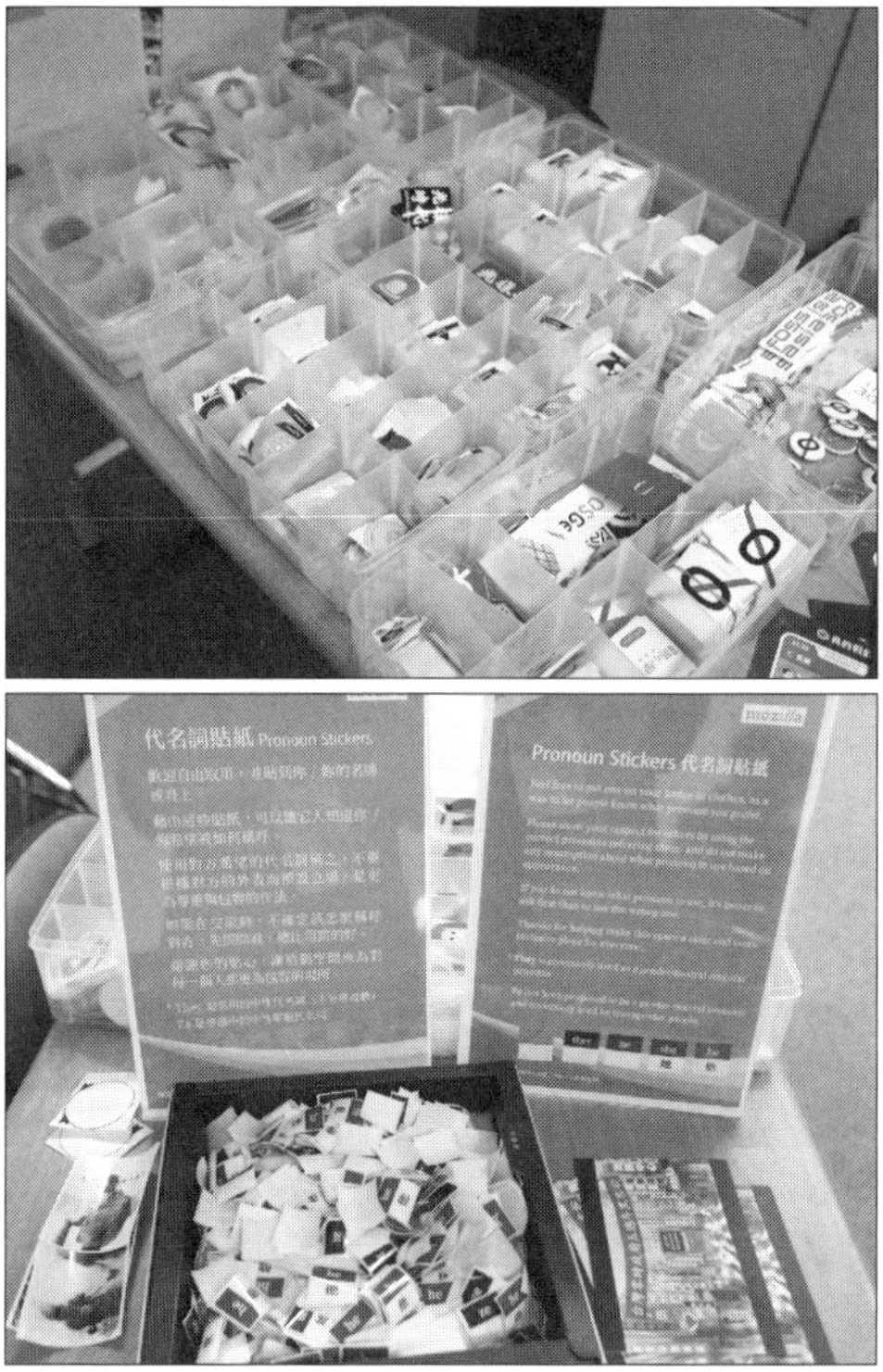

〈g0v〉のハッカソン参加者は皆、名札を首から提げている。その名札に自分の名前、機能（何ができるか）、彼、彼女などどのような三人称で呼ばれることを希望するかについて、これらのシールを貼って自己表現することができる。

ビギナー向けのガイドラインを作ったのとほぼ同時に、僕たちは〈g0v〉とは別に運営を行うタスクフォースを作ったんだ。〈揪松團 g0v-jothon〉という名前で、今のところボランティアが6人と、スタッフが3人。2ヵ月に一度開催するハッカソンや、2年に一度のサミット、領域を超えたコラボレーション案件などを行っている。

何か一つのビジョンがあって、それに向けて協業する時には「お互いに尊敬される」っていう状態が大事だと思う。〈g0v〉は完全にボランティアだからね。小さいことでも「いいね」が付くとか、フィードバックがあるとか、お互いに励まし合うことがモチベーションに繋がるんじゃないかな。

政府にハイレベルな要求をして民主主義をもっと前に進めたい。

個人的に台湾の〈オープンガバメント〉は、まだまだソフトイシューまでしか成し得ていないと思っているよ。本当の〈オープンガバメント〉はもっと先にあるはずなんだ。僕自身は立法院のデータ公開に興味がある。法案がどのように作られるのかとか、そういった方面だね。たとえば、台北まで仕事に来ている人の多い北部の地方都市・基隆《キールン》まで、ライトレールを走らせる代わりに既存のローカル鉄道駅を廃止にするかどうかとか、ライトレールをメトロに昇格させるかなどと議論の絶えない「基隆ライトレール計画」のように、強い利害衝突が広範囲で起きる議題こそ、もっともっとオープンにすべきだと思う。

オードリーが2017年に「政策履歴」っていう、どのようにしてその政策ができたかを明らかにする概念を提唱した時は、「eスポーツ」が例として挙げられていた。ただ、僕からするとそのステークホルダーはまだまだ小さいんだ。政府にはもっとインパクトの強い事柄について「政策履歴」を公開してほしい。たとえば今、行政院では「數位發展部（デジタル発展を担当する省庁）」の設立が議論されているけれど、僕はこのことをニュースで知ったんだ。誰がどのようにしてこの件を提起したのか、まったくわからない。こういった議題こそ、「政策履歴」が必要なんじゃないのかな。

国民一人一人がすべての政策に関わるのは現実的に難しいし、政府の公開するオープンデータを自分で見て勉強するのも大変だ。だからまずはある一定のレベル以上のイシューについては、国民が参加できるようにするような、大きな枠組みを作るべきだと思う。そうじゃないと、全体的なアカウンタブル（責任の所在）が見えないよね。

だから僕はこれからも、政府に対してフェアでハイレベルな要求をし続けたいと思っているよ。それでこそ民主主義は前進できるからね。

2020年10月　台北市内のカフェにて取材

3 民間による法規討論プラットフォーム〈vTaiwan〉設置に、外部コンサルタントとして参加——2014年12月〜2015年6月

「会議は踊る、されど進まず」という言葉があるように、一つの議題に対して、立場や価値観の異なる人々が話し合い、答えを出すのはとても難しい作業だ。けれど台湾では、それをデジタル活用によって大きく前に進めることに成功している。しかも「法の改正」という、かなりヘビーな分野においてて。

それが、誰もがオンライン上で法案を討論できるプラットフォーム〈vTaiwan〉だ。立法院で法改正の審議に入る前、このプラットフォーム上で行政の担当者や市民、専門家といったあらゆるステークホルダーが討論し、大まかな合意に至ってから改正案の草案を作り、それを立法院に送るところまでを行う。過去にはインターネット上での酒類販売、ライドシェアサービスUberや、民泊Airbnbの国内参入など、異なる立場の意見が飛び交い、結論が出ずにいた議論を収集し、法改正に大きく貢献してきた。

〈vTaiwan〉トップページ。過去のすべての案件と現在進行中の案件の進度までが一目瞭然だ（2020年10月時点）。

〈vTaiwan〉では、すべてのプロジェクトが以下の４つのプロセスを踏んで進められる。

1・議案の提議
2・民衆や関係者から広く意見を集める
3・立法院に提出するための草案を作成
4・立法院へ提出

上の図は、〈vTaiwan〉トップページ。過去から現在に至るまで、誰が何を言ったか、どこに投票したか、すべての記録が残っている。

〈UberX〉台湾進出を例に

具体例として、ライドシェアサービスUberが台湾に進出した際、その是非について討論された時のものを見てみよう。次頁にあるのは、当時意見が集められたページである。

このスクリーンショットの記載内容は以下の通り。

「〈UberX〉自家用車に客を乗せる」

オンラインで車を呼ぶことのできる革新的なサービスが登場しました。異なるサービスと体験ができるUberXは、台湾のタクシー業者やレンタカー業者と同じ法律を守るべきなのでしょうか？　皆で討論しましょう。と書かれたその下には、ルールが記載してある。

目録資料を参考にしてください（投稿を歓迎します）。

・「あなたの観点をシェアする」をクリックして、あなたの意見を入れてください。文の書き出しは「私が思うのは…」としてください。

・新しく書く意見は独立したものであるべきで、誰かの意見に返事をする必要はありません。

・いくつかの感じ方がある場合は、それぞれ個別のスレッドを立ててください。質問形式での記載はしないでください。
・「共同意見」をクリックすると、立場の違う人々の共通の価値観を見ることができます。
・オンライン質疑会議の動画と議事録を参考にしてください。これから私たちは交通部（本件における政府側の担当組織で、日本の国土交通省に相当）にこの議論を上げ、〈vTaiwan〉上で次の討論を開始します。

（注意書き：このシステムは人数の統計ではなく「意見の分布」と「多方における共通価値」を探すためのものです。よって意見が同じ多くの人は単一として表示されます。皆さんが自分の意見を出されることをお待ちしています）

そして、その下にボックスが表示され、ここから討論に参加できる。

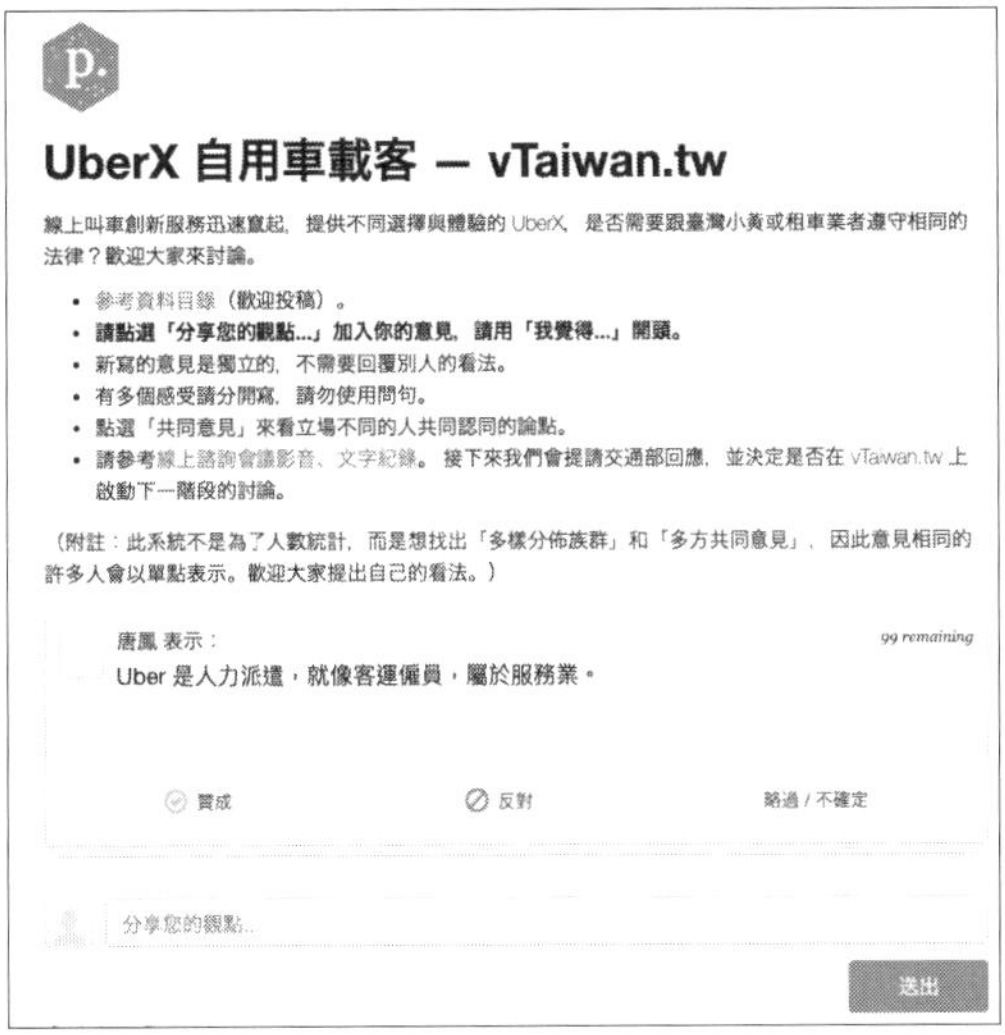

（https://pol.is/3phdex2kjf）

上記はオードリーが実際に投稿した意見で、こう書いてある。

（オードリー・タンが表示）

「Uberはバスの運転手のように人力の派遣であり、サービス業に帰属する」

その下に、「賛成」「反対」「スキップ／不確定」という選択肢が表示される。そのまま「送信」してもいいし、もし自分は賛成や反対、スキップではなくまた別の意見がある場合には、そのボックスの下にあるフリーワード枠から自分の意見を述べて「送信」することもできる。

彼女は、私の過去のインタビューでこう語っている。

「大部分の人は、コメント欄があると、別の人の意見の気に入らないところを見つけて攻撃を始めます。賛成派は仲間を集めて、いいねを押します。反対派も同じことをします。それが分断ですね。でもそれは、日本人だからではありません。台湾でも同じです。

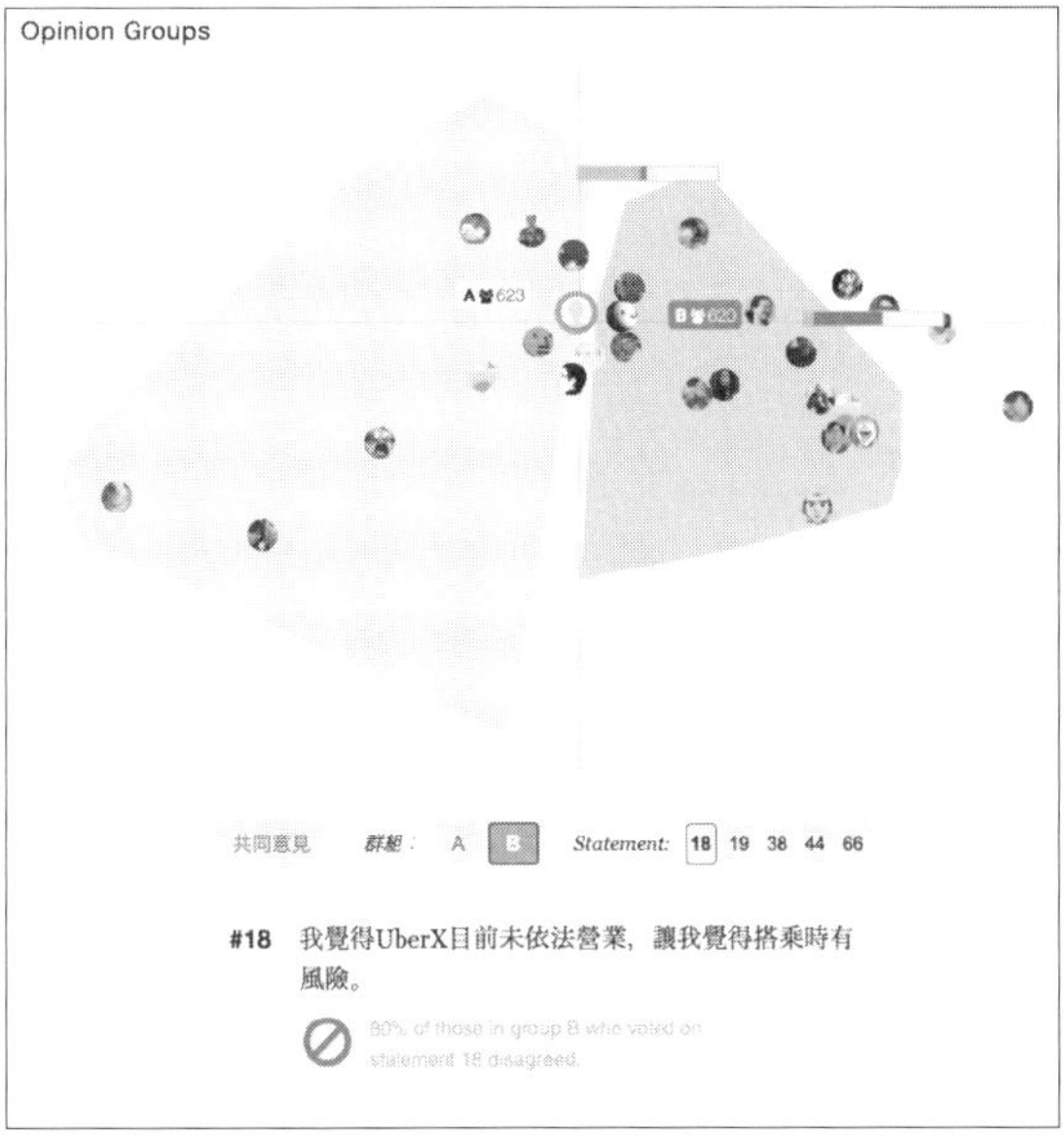
Opinion Groups
共同意見　群組：　A　B　Statement:　18　19　38　44　66
#18　我覺得UberX目前未依法營業，讓我覺得搭乘時有風險。
80% of those in group B who voted on statement 18 disagreed.

実際の意見グループが可視化された例。「私は、UberXは今のところ法に拠って営業していないので、搭乗するのにはリスクがあると思う」という意見に、80%の人が反対したことがわかる。

〈vTaiwan〉では、意見に対して賛成か反対を押すと、同じ意見の人がいる場所にあなたのアイコンが位置付けられます。もしその意見に違和感を覚えるならば、自分で意見を出して投票を求め、人に評価されることができます。個人のプロフィールも表示されますので、自分の友人や家族も実際には意見が違うことが発見できるでしょう。でも、意見が違っても友人ですよね。

こういった話し合いの場では、極端な意見が目につきやすいかもしれませんが、実は多数派は別のところにいるかもしれません。コメント欄も一つの大切な政治なのです」

「〈UberX〉（自家用車に客を乗せる）」については、926名が参加し、80の意見が挙げられ、およそ3万回のコミュニケーションが起こった。

それらの意見を元に、2015年8月27日には〈UberX自家用車に客を乗せることへの意見招集質疑会議（原名：自用車載客意見徴集質疑会議）〉が開かれ、政府から各部の担当者（交通部、経済部、財政部、財団法人資訊工業策進会、国家発展委員会など）、学術界の専門家、台湾最大のタクシー会社およびタクシー業者の会、そして当のUber事業者など、関係者が一堂に会した。オードリーがファシリテーターを務め、冒頭で「**この会議の目的は利害関係者が集まり、それぞれの状況や意見を発表することです**」と述べた。オードリーらは、それをオンラインでライブ放送し、1875人がその様子をインターネット経由で見守った。会議の様子はすべて動画と議事録によりアーカイブされ、誰が何を発言したのかがはっきりわかる。

私がこの2時間以上に亘る会議を見ていてまず驚いたのが、すべての利害関係者が一堂に会していることだった。Uberの台湾進出で大きな損失を受けることが懸念されていたタクシー会社最大手〈台湾大車隊〉も、社長含む3人で参加。当のUber側も、台湾の社長とアジア担当のマネージャーの2名で飛行機に乗って海外から来台し、参加していた。左の写真の、中央の人物が〈台湾大車隊〉社長の李瓊淑《リー・チュンシュー》。その右側が、Uberが台湾に進出した際の主要エリアであった台北市のタクシー同業者の会理事長・王明雄《ワン・ミンション》。左側にはUberのエリアマネージャー、台湾の社長、顧問弁護士が並ぶ（肩書きはすべて当時）。この席順の配置も、事前にオンラインで公開討論して決められたという。

2015年8月27日〈UberX 自用車載客意見徵集〉質疑会議の模様。

しかも、皆が口を揃えて「この会議に参加できることを感謝します」「皆で共通認識に至れることを心から期待します」と発言していた。声を荒げる人はおらず、ユーモアある発言に笑い声さえ上がる、品位のある会議だった。

こうした形で、国民からの声も参考にしながら現状が整理され、２０１６年10月25日には交通部が〈汽車運輸業管理規則〉を改正。合法的なタクシー業者のみに営業を許可する多元化計程車方案〈多様なタクシープラン〉という形で、〈UberX〉は限定的ではあるものの、台湾で合法的にサービスを継続できることになり、プロジェクトは完了した。

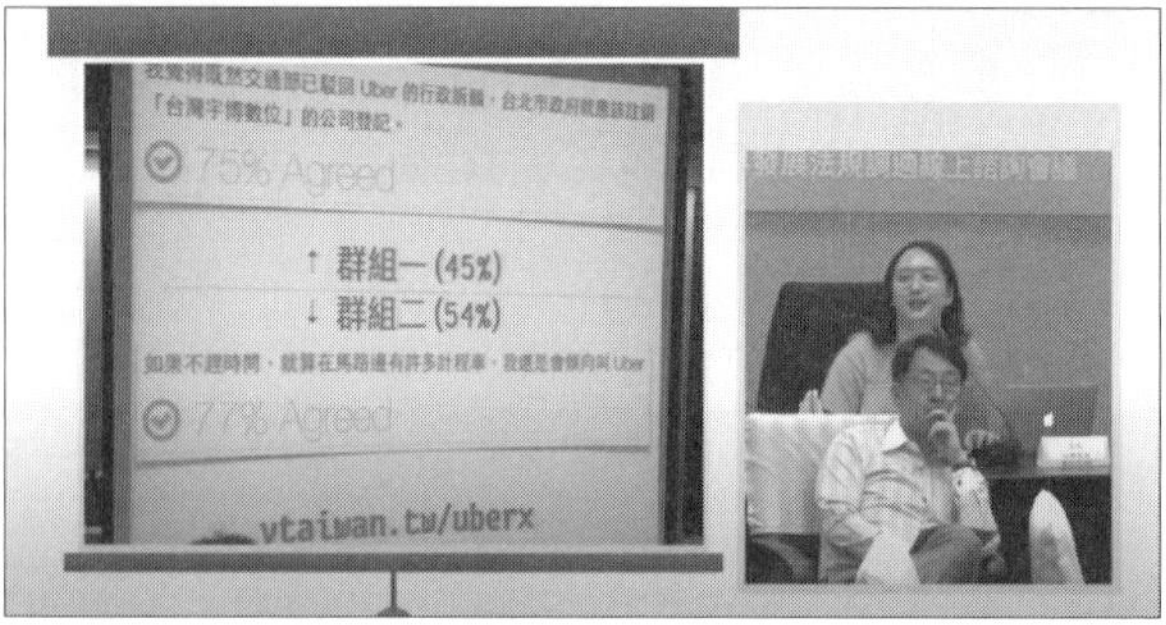

2015年8月 27 日〈UberX 自用車載客意見徵集〉質疑会議の模様。会議では、オードリーから〈vTaiwan〉で集められた意見の総括がデータに基づいて発表された。

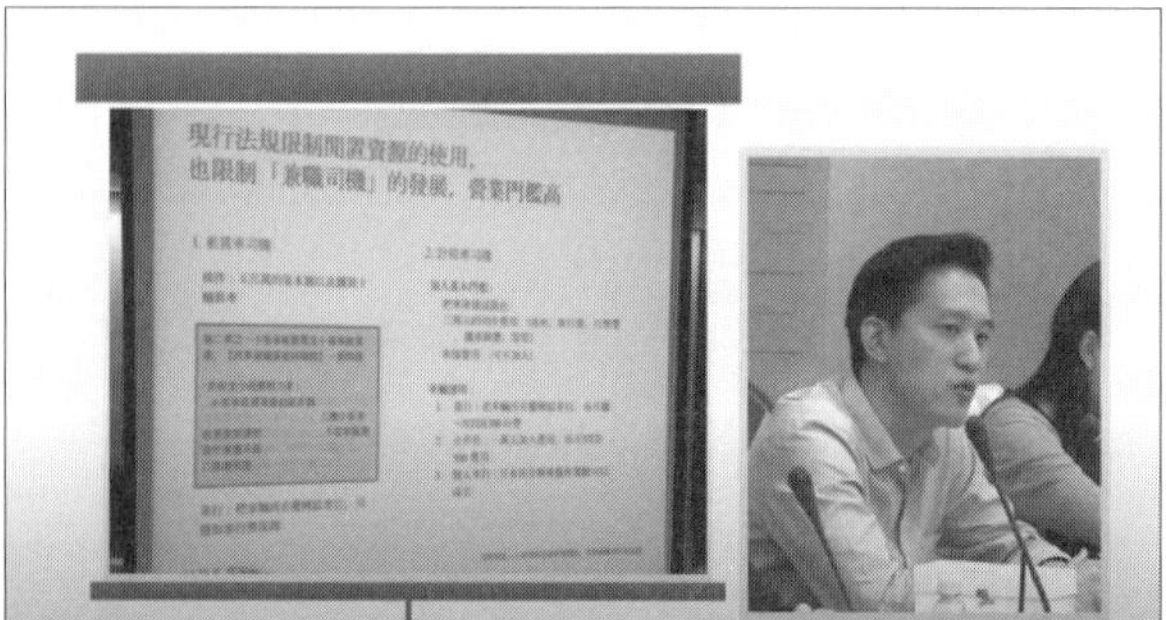

台湾Uber社長（当時）の顧立楷《グー・リーカイ》は、事前に〈vTaiwan〉で集められた意見を自己分析してから会議に参加。資料は公開されている。

困難だったのは、「メンツの問題」

〈vTaiwan〉で最も解決が困難だったのは、発言者によっては、その他の人を代表して発言する資格があるのか？　という、言わば「メンツの問題」だったとオードリーは語る。たとえば、立法委員の発言には得票数分の意見を代表する価値があるのか？　とか、何かしらの会の代表にはその会の参加者を代表した意見を出す資格があるのか？　といったようなことだ。

「ただ、〈vTaiwan〉上で行われるべきは意見の決定ではなく「収集」ですから、この段階では意見の上下関係は必要ありません。代表が必要なのではなく、異なる立場や状況にある多面的な意見を見えるようにすることです。そうやって意見を探索した後に共同の価値を定義するので、解決法案の討論や予算・プランを通すといった伝統的な代議政治は、その段階から運行すればいいのです。彼らの仕事を奪うことにはなりません」

オードリーはこの〈UberX〉のプロジェクトについてこうも語っている。

「私たちはUberという会社についてではなく、自家用車に乗客を乗せる〈UberX〉の実務法について討論することで、摩擦を減らすことができました」

また〈vTaiwan〉の設計にはORID法というフレームワーク（第4章で後述）や、全米屈指の名門校・コーネル大学〈Regulation Room〉のルール設定方法が取り入れられている。「1 各部会は専属のアカウントから、責任を持って返信すること」「2 返信に必要な時間を保証すること」「3 参加者からチームを形成すること」「4 インターネット上で集めた意見を会議現場の議題にすること」といったものだ。

政府へ引き入れたのは、前政権の女性閣僚

この〈vTaiwan〉にオードリーが関わったことが、後に彼女が入閣する大きなきっかけになったと言える。〈vTaiwan〉をメインで進めたのは、馬政権時の女性閣僚 蔡玉玲（ジャクリーン・ツァイ）。彼女は法律の専門家で、台湾の各地方裁判所で裁判官を務めた後、IBMで台湾や香港・中国エリアの法務長を歴任し、2013年に入閣した人物だ。

ジャクリーンはオードリーに声をかけ、〈vTaiwan〉設立プロジェクトの外部コンサルタントに起用したのだ。彼女は大臣として〈g0v〉主催のハッカソンに自ら参加し、政府ではなく、民間のプラットフォームとして〈vTaiwan〉の設立をしたいと発案。〈g0v〉の発起人である高嘉良にも協力を仰いだ。

ジャクリーンは、この会議の最後の発言者として「イノベーションの名のもとで税金を納めず、担うべき法律責任を取らないということがあってはならない。この会議では、タクシー協会の理事長がUberとの協力体制を望むと発言があった。これを受け、私たちもイノベーティブな方法で、台湾の運輸サービスの品質を高めていきたい」と締め括った。

ここにも一つ、オードリーの姿勢がよく現れているエピソードがある。

台湾政府はちょうど2014年から、35歳以下のソーシャル・イノベーターを各大臣の

ファシリテーターを務めたオードリーの隣にジャクリーンの姿がある。

リバースメンター（若手が年長者に助言すること。逆メンターともいう）に登用する〈リバース・メンタリング制度〉を設けていた。リバースメンターたちは大臣に新しい技術、方向性などを示す一方で、大臣は若い優秀な人材に政府の仕事を教え、政治への参画を促すという制度だ。私はすっかりジャクリーンはその制度を使ってオードリーを起用したのかと思っていたが、実際は違っていたとオードリーは言う。

「当時の〈リバース・メンタリング制度〉は、リバースメンターたちが政府の中で見聞きしたことを、外部に公開してはならないというルールがありました。私は透明性を重視していますから、それは無理だとジャクリーンに伝えました。そこで彼女は、〈プロジェクトの外部コンサルタント〉という別の形で私を起用したのです」

この言葉からも、オードリーが仕事にどれほどの透明性を重んじているのかが、よく伝わるのではないだろうか。私が本書のコラムインタビューのためにジャクリーンのもとを訪れる直前、オードリーに彼女はどんな人物かと訊くと、**「オープンで人見知りをせず、民間から自分より良い考えが出てくるのを恐れない、まったくメンツの問題を持たない人物ですよ」**と教えてくれた。

「彼女は、権力は政府に集中するものではなく、民間の想像力こそ大事にされるべき、という考えを持っています。この考え方は私とまったく同じですが、戒厳令が敷かれていた時間を私よりも長く過ごしているからか、彼女の方がより強い気持ちで物事に向き合っていると思います。戒厳令下でも民間に良い考えはたくさんありましたが、政府に対して何も意見することはできませんでしたから。彼女は法律の専門家として、良い法律を設計しさえすれば、政府が権力集中に向かうのを抑え、民間が主体となって大部分をイノベーションしていけるはずだ、と話してくれました」

「私は入閣を機に、〈vTaiwan〉の運営を他のメンバーの手に引き渡しています。私が関わっていた頃には行政院をより透明に、市民の近くにするにはどうしたらいいかを討論するだけでしたが、〈ひまわり学生運動〉で国会はもっとオープンになるべきだと主張していた林昶佐(フレディ・リム)や頼品妤といった友人らは、今や立法委員になり、立法院長に政党を超えてオープンガバメントを推進するよう提言し、すべての政党の同意を得て、事を進めているのです」

こうして現在(2020年)、〈vTaiwan〉ではいよいよ最後の砦である「国会の透明化」が議題に上がっている。

Interview2

オードリーを台湾政府に抜擢した当時の女性閣僚
ジャクリーン・ツァイ

提供：蔡玉玲

蔡玉玲（Jaclyn Tsai）
台湾大学法学部卒業、弁護士。過去に台北、桃園、彰化などの地方裁判所で裁判官を務めた後、IBMで台湾・香港・中国大陸を含む大中華エリアの法務長となる。1998年に「理慈國際科技法律事務所」を設立。2013年11月-2016年5月、行政院政務委員（閣僚に相当）となり、任期中は〈vTaiwan〉の設立の他、仮想世界関連の政策対応、デジタル経済、Eコマース、スタートアップ領域の法体系の発展などに尽力。

オードリー・タンは、次の世代のシンボル。
彼女たちのコミュニティの中心人物であって、リーダーではない。
彼らのカルチャーは、「オープン」と「協業」。

初めてオードリーに会った時のことは、今でも覚えています。ちょうど私が〈g0v（零時政府）〉のハッカソンに参加して、〈vTaiwan〉の設立を提案しようという時でした。彼女は私の前の番で〈萌典〉を提案するところで、席が隣同士だったんです。身長が高くて、服装も個性があるし、髪も長いし、とても印象的でした。

オードリーは、入閣したから広く知られるようになりましたが、彼女の周りには本当にたくさんの素晴らしいハッカーたちが存在します。台湾のハッカーコミュニティは全世界でも1、2位の規模なんですよ。

確かにオードリーは次世代のシンボルかもしれませんが、彼らのカルチャーに、「代表」とか「リーダー」といった概念はありません。「オープン」「協業」が彼らの信条です。

私はオードリーと知り合うより先に、〈g0v〉の村長である高嘉良（clkao）と知り合いました。イベントを開催する時、彼らに「代表を何人か参加させてほしい」と言っても、いつも「それは無理だ。何人かで行くことはできるけれど、そのメンバーが代表というわけではない。彼らは参加者であって、〝代表〟ではない」と返されたのを覚えています。

法律は人の行為を律するものだから、まずそれが適用される相手を知らないと良い設計ができません。民主国家とはそういうものではありませんか？

私が入閣した当時、台湾の法律は、主要産業である製造業に非常に偏っていました。そこで私は非製造業にもフィットした法律体系を整えたいと提案したんですね。当時の行政院長も快諾してくれました。

国民たちも仮想世界関連法改正の討論に参加できるよう〈vTaiwan〉の設立に取り掛かり、私はまず〈g0v〉のハッカソンに参加して、その概念を提案しました。「民間でプラットフォームを作ってくれたら、私は大臣として自分が担当するデジタル案件や政策のすべてを、必ずそのプラットフォームで討論します」と言いました。たぶん、大臣が民間のハッカソンで提案するなんて、世界で初めてだったんじゃないかしら。

私は、法律は人の行為を律するものだから、使う人のためにあると思っています。だからまず、仮想世界のユーザーらの考えを知る必要があり、それでこそ良い法律ができるのです。民主国家とはそういうものではありませんか？　私が開かれたパブリックコンサルテーション・バーチャルプラットフォームを作り、関係者らがデジタルツールを用いて政策の制定に関われるようにしたのは、そういった考えがあったからです。

多くの〈g0v〉のメンバーが私の提案を支持してくれ、ボランティアとしてすぐにプラットフォームを作ってくれました。その時に私との連絡を担当してくれたのがオードリーだったんです。

オードリーや〈g0v〉のメンバーらは、私に教えてくれました。「『オープン』と『協業』によって成り立ったコミュニティが、草の根のパワーで公共事務に関心を持ち、互いの協力によって変化を成し遂げる。この『オープン』と『協業』の核心価値こそが台湾のハッカー精神だ」と。私は彼らに啓発されてから、台湾の未来を変えるには、ハッカー精神が必要だと思っています。オードリーはハッカーから大臣になり、私も大臣からハッカーになりました。

彼女はとてもワイルドな思想の持ち主なのに、手段は温和で、反抗するとか暴力に訴えるということは一切なく、とても礼儀正しい。政府の中に入ってからも、何らかの地位に就いてトップダウンするのではなく、ボトムアップで政府を変えようとしていますよね。それはとても素晴らしいことです。政府とは一つの古い機械のようなもので、すぐにすべてをアップデートするのは無理ですが、政府組織に入った人々がバトンリレーのように少しずつ前に進めば、いつの日にかきっと変えられるのではないでしょうか。

オードリー以外にも、〈g0v〉にはTonyQというメンバーがいて、彼も同じように大学を卒業していませんが、後に私のオフィスでスタッフとして7、8ヵ月の間、勤めてくれました。オードリーは最初、〈vTaiwan〉プロジェクトの外部コンサルタントという形で関わっていたので、政府の人事制度に障害はありませんでしたが、TonyQは学歴が高卒だったので、行政院の大臣オフィスで仕事をしてもらうにあたっては、私も少しばかり苦労しましたね。

〈ひまわり学生運動〉で私たちは知った。
下の世代の思想が私たちと違うことを。
そして、それを受け入れなければならないことを。

私が感じているのは、オードリーもその周りの優秀なハッカーたちも、「枠に囚われることがない」ということです。私はIBMで数多くの優秀な人材を見てきましたが、彼らにはある種の行動パターンがあります。でもオードリーたちには、それがない。〈g0v〉の村長・高嘉良のように、一流大学を中退したり、中卒だったりしますしね。そういった枠に囚われない人々は、ただ〝彼らに合った舞台〟があるだけで、素晴らしい能力を発揮することができる。

これまでの台湾には、そういった特質を持つ人々を受け入れる土壌がなかったかもしれません。でも2014年に起こった〈ひまわり学生運動〉で、私たちの世代は「次の世代の声を聞かなければならない」と思い知ったし、若者たちも「公共政策に参加したい」という思いを強めたと思います。それぞれの考えが違っても、攻撃することはなく尊重し合うことが大事だと、皆がわかり始めています。

〈vTaiwan〉プロジェクトを進めていた当時、私は完成した〈vTaiwan〉のプラットフォーム上で、大臣として自分が持ちあわせている政策関連の資料を公開しました。皆が見ている資料と、私が見ている資料は同じ。オープンデータの概念です。それで、もし誰かが「大臣、あなたの持っている資料は間違っている」と言うなら、あなたが正しいものを提供してください、ということなんです。それもまたオープンデータにして、皆に見えるようにする。そして、何か問題があると感じる人がいたら、〈vTaiwan〉上で提議してもらう。それに政府の関連部署から七営業日以内に回答させますと、そう伝えました。問題を提議した人がその回答に満足することができたら、合意が得られたということで、その問題は解決ですよね。もしそれでも合意が得られなければ、私たちは利害関係者を招いて〈vTaiwan〉上でオンラインミーティングをしました。〈vTaiwan〉は、最初はそのようにして始まったんです。

もちろんはじめの頃は、政府内でも反対の声がありました。七営業日以内に質問に回答するというのはプレッシャーです。それに、意見を集めた後に関係する部門や企業、有識者を集めて開かれる〈vTaiwan〉の会議は、全行程をライブ配信して、アーカイブや議事録も残ります。誰がどんな発言をしたのかまで記録に残るというのは、公務員にとって非常に慣れないことでした。「一スタッフが部署を代表して発言して良いのか?」と、現場に迷いが生じたんです。

それでも私は、これはやる必要があると思っていました。なぜなら、台湾は民主的で自由な社会ですから、「異なる意見には事欠かない」状況にありました。私たちに欠けていたのは、「どうやって共通認識を得るか」ということでした。それが得られなければ、前へ進めないからです。そんな時、ちょうどUberやAirbnbなどが台湾に進出し、問題になりました。ただ、これらは通常の手続きを踏んでいたら、早くても1~2年、遅ければ5~6年経っても法改正に至りません。そんなに長い時間をかけて討論をすることはできない。

私は政府内で何度も〈vTaiwan〉について講演し、迅速に大まかな合意を固めることの必要性を説いて回りました。彼らも少しずつ慣れていき、皆の参加意欲も高まっていきましたよ。

台湾は自由な場所です。台湾にある会社のうち、97%以上が中小企業なんです。起業は台湾のDNAと言って良いでしょう。私の両親も国際貿易の会社を起業していますし、私は法律事務所を創立、私の長男はVRの会社を起業しました。次の世代の子どもたちは、そんな自由な環境で育ちますから、台湾はもっと自由で、オープンな社会になっていくでしょう。

2020年9月「理慈國際科技法律事務所 Lee, Tsai & Partners」にて取材

4　教育改革への貢献　――2015年

「自分が問題のある教育システムの中で辛い思いをしたから、台湾の教育を変えたい」

オードリー、そして彼女の両親の中には、いつもその信念がある。オードリーは、小学2年生の頃から台湾の伝統的な教育には構造的な問題があると考えていた。そして、12歳の時には母親に「僕は台湾の教育を改革する」と伝えている（詳細は第2章を参照）。実際に彼女が携わった教育改革の中で、台湾の教育に大きな影響を与えたものの一つが、入閣前の2015年に関わった「学習指導要領の大改訂」だ。馬英九政権下の2013年に、その発端となる出来事「中高学習指導要領の微調整（原名：普通高級中學語文及社會領域課程綱要微調）」が行われた（2014年交付、2015年実施）。「微調整」という名称だが、実際には主に社会科で教える歴史のうち「台湾史」関連が約3割も修正されたこと、また言語の領域では社会科で使われる言葉の定義が変更されたことが明るみになり、大きな社会問題となった。

台湾の歴史は紆余曲折を経て現在に至っており、とても複雑で、台湾内でも見解が統一されているわけではない。よって、一概にその内容を語ることはできない。私自身、自国が関わったことであるにもかかわらず、日本にいた頃には知らないことばかりだった。せっかくの機会なので、自分が調べられた範囲内ではあるが、台湾であったことをお伝えしたい。できるだけ本書の読者がイメージしやすいよう、日本に関連する部分で例を挙げてみよう。

「中高学習指導要領の微調整」

台湾の義務教育で用いられる教科書は、学習指導要領を元に教科書発行者によって作成され、政府の審査を通ったものの中から学校側がどれを採用するか選ぶ。そして、この学習指導要領は十年に一度、大きな改訂が行われる。

台湾は時の為政者の立場により、特に歴史教育の内容が根本から大きく変わってきた。

たとえば１９１２年の辛亥《しんがい》革命により中国・南京で誕生し、第二次世界大戦後、臨時首都として台湾・台北へ遷《うつ》ってきた「中華民国」や、日清戦争後の下関条約（１８９５年）から始まり、第二次世界大戦での日本降伏まで50年間続いた「日本統治」についても、その捉え方は立場によってまったく異なるのだ。「日本による統治」を表す言葉も、それまでは「日據《にっきょ》（日本による占拠）」が使われていたのが、李登輝政権時代以降「日治《にっち》（日本統治）」という言葉が使われるようになった。しかし、国民党・馬英九政権で再び「日據」に戻されるなど、台湾では長い間議論が繰り返されている。

今回の「指導要領の微調整」では、その前の教育要領で「日本統治」と定義されていた言葉が「日本植民統治」と修正されたり、日本による統治が終わり中国に「台湾が接収」されたという記載は「光復《こうふく》台湾（中華民国への復帰のことを指す言葉）」と、あたかもそちらの方を市民が待ち望んでいたかのようなニュアンスを含む言葉へと変更された。それに対して「史実と価値判断は違う。教育の場でどちらかに偏った価値観を植え付けるべきではない」といった反対意見が殺到した。

また、前教育要領には記載の無い「台湾人の抗日戦争」という項目も追加されていた。台湾に来る前の中華民国政権が、中国大陸にいた頃に抗日戦争（日中戦争）をしていた史実はあるが、台湾人が中国（中華民国）の国民として日本と戦争をした事実は無い。さも「台湾人」が抗日戦争をしていたような記載だが、かなりの無理があると言わざるを得ない。何かしらの作為性を感じる内容だった（台湾の原住民族が起こした霧社《むしゃ》事件のように、抗日運動はあった）。

オードリーは振り返る。

「その〝微調整〟のために行われたという会議は、誰が参加したのかさえも公開されず、議事録も無く、完全にブラックボックスでした」

よってその学習指導要領は、「ブラックボックス学習指導要領」と呼ばれ、多くの中高生、一部の自治体トップや学校までもが次々に採用を拒否。「洗脳反対」「自分の学習指導要領は自分で守れ」と、２０１５年の7月5日に、50近くもの学生団体、約１３００人が街頭デモを行った。その後も教育部にデモ隊が突入して数名が逮捕されるなど抗議行動は続くが、同月30日にはその逮捕されたメンバーの一人、林冠華《リン・グゥワンファ》という高校生が抗議自殺により亡くなってしまう。この大事件は、すぐさま台湾社会全体の関心事となり、政府は対応を余儀なくされた。

教育部前には学生や支持者ら100名以上が集まった。
撮影：陳弘岱／提供：端傳媒 Initium Media

「学習指導要領の内容をまとめていた教育部所属の組織・国家教育研究院は、当時すでに国民からの信頼を失っていました。それでももう一度、学習指導要領を見直さなければなりません。確か、林冠華が亡くなった1~2日後には国家教育研究院の柯華葳《カー・ファーウェイ》院長（当時）が、『私たちの研究院には、本当に真剣に学習指導要領の改定に向き合っている人がたくさんいることを国民に伝えたい、手伝ってほしい』と連絡をくれました」

SayIt

首頁　Speakers　Speeches

8/19 課發會第八次會議紀錄

柯華葳

大家午安，課發委員目前有十八位到場，有兩位委員在本院開會尚未結束，一定會到，徵詢各位是否可以開會？

因為上星期有兩則新聞都和我直接有關，一則是聘任領綱委員，一個是課發委員結論，也有希望我辭職負責的聲音。

請唐委員可以不用打這一段的逐字稿，我自己打，你可以休息一下，會後再寄給你，如果覺得需要的話。

（以下書面報告）

Link in context　Link

柯華葳

上星期兩則新聞和聘任領綱研修委員以及課發會會議紀錄和結論，都和我直接有關，報上也指出我需要負責，包括辭掉院長職位。今天在各位課發委員面前，我有不合適主持課發會的感覺（缺了可信度）。現在還站在這裡，以下這一番話不是為爭取各位同意，或是認可，只是希望和研究院同仁把教育部賦予我們研發12年課綱這件事做對、做好。

國教院同事加上近700位各領域委員，還不包括在座課發委員、各領綱諮詢委員，我不誇張地說，上1000的人力資源投入，不算時間和經費，為的是為台灣學生端出好的課程規劃，就是所謂的領綱。這件事不可能一次到位，因此國教院課程中心設計各種機制，有的在工作圈，有的在外圍，包括公聽會、網路論壇以及課發會，都是為了保障領綱的前瞻性與可行性。請各位參考研修工作手冊以及課發會相關規則。我要說，研修工作重要，審查工作更重要，我非常感謝在座有些課發委員鉅細靡遺地檢視領綱，或是不辭辛勞地參與群組會議，提出建議。我們的目的都一樣，為了台灣學生有適當的教育，能面對大時代的挑戰。

オードリーが実際に書いた議事録の冒頭。インターネット上に今も残されている。

その直前の2014年に起きた〈ひまわり学生運動〉でのオードリーの活躍を知ったのだろう。こうしてオードリーは「教育課程発展委員会」という、学習指導要領を決めるために国家教育研究院が召集する委員会の総会に参加することとなった。そこでは、それぞれの科目を研究開発している国家教育研究院の各チームが成果を発表し、その内容を保護者代表、教師代表、様々な学校の校長、オルタナティブ教育の代表者（オードリーとも親交のある方新舟《ファン・シンヂォウ》）など、多くの関係者らが精査した。オードリーもその一員に加わった。

「私たちの役目は、学生たちが受ける一つ一つの授業が教育理念を漏れなくカバーすることの確保でした。私も実際に一部の授業に参加しました。ただ、総会で私がした最も重要な貢献は、最初の2回分の総会の議事録を自分で書いたことです」

実際に過去の記録を参照すると、確かにオードリーは自ら議事録を書いていた。それを読むと、はじめの頃は、参加者の中から議事録をインターネット上で公開することに対する懸念の声が上がっていることが見て取れた。「ネットいじめが社会問題になっている今、自分の発言が原因で、家族に影響があったりしないか」「発言の本意と違った内容を記載されたらどうする」「前例が無い」……そういった意見に対して、オードリーを全面的に支持し、「私たちは1000人以上の人的リソースを投入して学習指導要領の改訂に臨んでいる。研究は大事な仕事です。そして審査はもっと重要な仕事なのです」と語り、透明性の重要さを説いていたのが、今回の件で大ダメージを受けた渦中の人、国家教育研究院の柯華葳院長（当時）だった。彼女は2013年に院長の職に就き、この総会開始と共に、騒動の責任を取って辞任の意を表明していた。そして2016年に辞職している。

「ただ、会議に参加しながら文字を打つのは難しい。そこで、私は会議中に皆にこう提案しました。『すべての委員が一人ずつ、信頼できる議事録係を連れて会議に参加しましょう』と。今回は私たちが何を話したのか国民にすべて公開すべきだと。でも、もしそこで議事録係が記録を歪めてしまったら、次はもっと大きな抗議が起きてしまう。だから私は自分が心から信頼する友人に頼み、議事録係として総会に出席してもらいました。それが、彼女ですよ」

薛雅婷とオードリー。

と言って突然、嬉しそうな笑顔でオードリーが手のひらを向けたその先にいたのが、いつも私のインタビューの議事録を取ってくれている女性、薛雅婷《シュエ・ヤーティン》その人だった。

行政院内のオードリーのオフィスでインタビューする際は、いつもオードリーと私がソファ席に座り、彼女はその後ろにある大臣席に座って議事録を取っていた。巷で「ITの神」と讃えられるオードリーが、「彼女のタイピングは私より速い」と屈託なく笑う。薛雅婷は台湾に5人しかいないフリーランスの即時記録者の一人だ。オードリーは話すのが非常に速く、通常1分間におよそ250〜

300文字を話すのに対し、彼女はさらにそれを上回り、1分間に300~360字をタイピングするという。台湾では、彼女に敬意を表して彼女の名前を取ったAIによるテープ起こしアプリ「雅婷逐字稿」が登場したほどだ。現在、薛雅婷は行政院お抱えの即時記録者に採用され、オードリー以外の会議にも参加している。

そんな薛雅婷の活躍や、総会に参加した委員全員が議事録の公開に同意したおかげで、一時は地に落ちた「教育課程発展委員会」は名誉を取り戻したのだった。そして、議事録を見ていると、回を重ねるごとに会議参加者が議事録を取られ慣れてきているのが感じられる。2015年のある会議記録の最後は、司会者の教授のこんな言葉で締め括られているのだ。

薛雅婷のタイピング用プロツール。

「午後3時37分、これで会議を終わります。今日はとても効率が良かった。このチームは非常によくやってくれたと思う。本当にありがとう。会議室の後ろのアシスタントやスタッフの皆さんもお疲れ様でした。国家教育研究院は彼らを労ってあげてもいいんじゃないかな。以上、ここまで記録に入れておいてね（笑）。では解散！」（2015年10月21日課發會第三群組第四次會議紀錄より引用）

「素養《そよう》」を核とする教育への転換

その後、オードリーは2016年の入閣により「教育課程発展委員会」への参加ができなくなったが、引き続き学習指導要領の改訂作業は進められ、2019年に無事告示された。それが「素養をDNAにした」と言われる〈108課綱（民国108年に告示された学習指導要領という意味）〉である。今回、最も大きな変化だったのが、教育の目的が「技術や知識を身につけること」をから、「素養を身につけること」に置き換えられたことだと、オードリーは語る。

「素養」という言葉の持つ意味の解釈はそれぞれあれど、教育部は「この学習指導要領は、一人一人が現在の生活や未来の挑戦に向けて備えるべき知識、能力と態度、すなわち『コア・コンピテンシー（中国語で「核心素養」）』を育むことを主軸理念としている」と述べている。

「十年以上前の台湾では、『学校では社会に適した子どもを育成するべきだ』といった考えが主流でした。これは日本も同じですよね。しかし、現代社会の変化はとても速く、十数年後の社会が誰にも予測できない『シンギュラリティ（技術的特異点。AIなどの技術が、人類を上回る知能を生み出すことが可能となる時期）』を迎えようとしているのです。それでは学んだことが、未来では何も役に立たなくなっているかもしれないと私たちは考えました。だからこそ、子どもたちが社会の新しい変化に応じて学び、その社会にとって皆の共同価値が何かを見出せるように育てようということになったのです。これはこの十年で最大の変化であり、教育哲学の変化だと言って良いでしょう」

次頁にある円形の図は、教育部による「108課綱」のウェブサイトより引用したものである。「コア・コンピテンシー」を大切にした教育で人々を「生涯学習者」へと育て、「主体的な行動」「社会参加」「相互コミュニケーション」を発展させようという狙いが核心となっている。そこでは小学校から高校までの教育内容が、従来のひたすら知識をインプットするものから、自発的に学ぶ姿勢を育むものへと変化していた。

「素養教育は、一人一人の子どもの『自分はこれがしたい』という気持ちを出発点にした教育です。過去にはオルタナティブ教育の現場で採用され、成功を収めてきた経験があります。伝統的な教育は、インターネット以前のものです。インターネットが登場した後の教育はすべてが変わるはずです。検索技術の発達した現在、事柄を暗記しても、あまり役に立ちませんし、インターネット上で非常に多くの異なる文化を持つ人々と出会った時に、どのように文化を跨《また》いで自己を形成していくか、それは

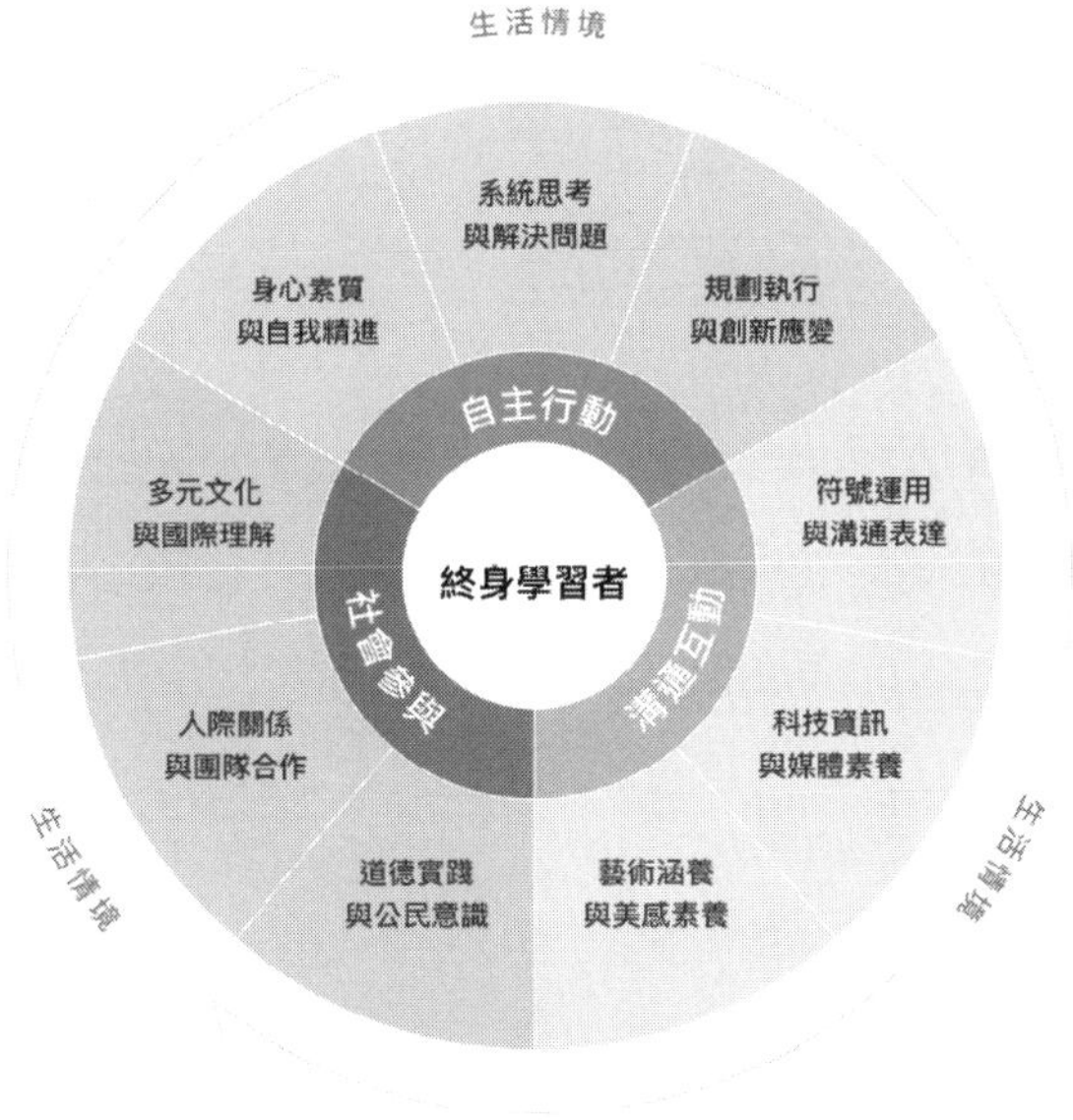

核心素養的內涵（三面九項）

教育部による「108課綱」の啓蒙サイトより。

同サイトを参考に、以下に主な変更内容をまとめる。

<table>
<tr><th>小学校</th><th>中学校</th><th>高校</th></tr>
<tr><td rowspan="2">・母国語授業の選択肢に、新しく7種の海外から移民してきた人々の言語を追加。
・パソコン単独のクラスをなくし各教科に組み込む。
・読解力の養成に重点。</td><td>・テクノロジー領域を新設。
・実験授業と自然科では、探究と実践に重点。
・各学校の特色を強化。</td><td>・必修科目を大幅に削減し、選択科目の割合を増加。
・自然科学に「探究と実践」項目を必修として新設。</td></tr>
<tr><td colspan="2">・数学授業に学習補助ツールとして計算機を採用。計数能力や、ロジカル構築能力の養成に重点。</td></tr>
<tr><td colspan="2">・それぞれの学校が自ら、全校、全学年およびグループで参加する学習イベントを企画する、フレキシブルな学習課程を設置。</td><td></td></tr>
</table>

過去の教育では教えてくれなかったことでした。ですから、今回の学習指導要領は新しい要素がたくさんありすぎて、列挙できません」

そう語るオードリーはこの時、直接口にはしなかったが、前章でも紹介したように、何を隠そう彼女の母親こそが台湾におけるオルタナティブ教育の第一人者なのである。

「どうしても具体例を挙げるとすれば、そうですね、以前の学校には教官がいました。これは軍事訓練であり、専業従事者が学校の中の安全を維持し、かつ皆に国防を伝える重要な職位でした。ですが学習環境に軍事が介入するのは、学習の民主化にとって不利だと考える人々もいました。台湾教育界の最も大きな争議の一つだと言って良いでしょう。

皆は一人一人、自分が学校で教官に受けた経験を元に話します。教官と良いコミュニケーションを取っていた人は、教官が学校にいることを支持し国家が保衛に熱心なのはいいことだと思っていますが、その逆の人もいます。私は中学中退で高校に行っていないので、教官を見たことが無いんですね。ですから、とても客観的にその討論に参加することができます。プランを提案したりもしました。そのあたりのことも議事録に一字一句残っています」

議事録が公開されているプラットフォーム〈sayit〉上のオードリーのページ。
彼女の発言が一覧表示される。キーワード検索もできる。

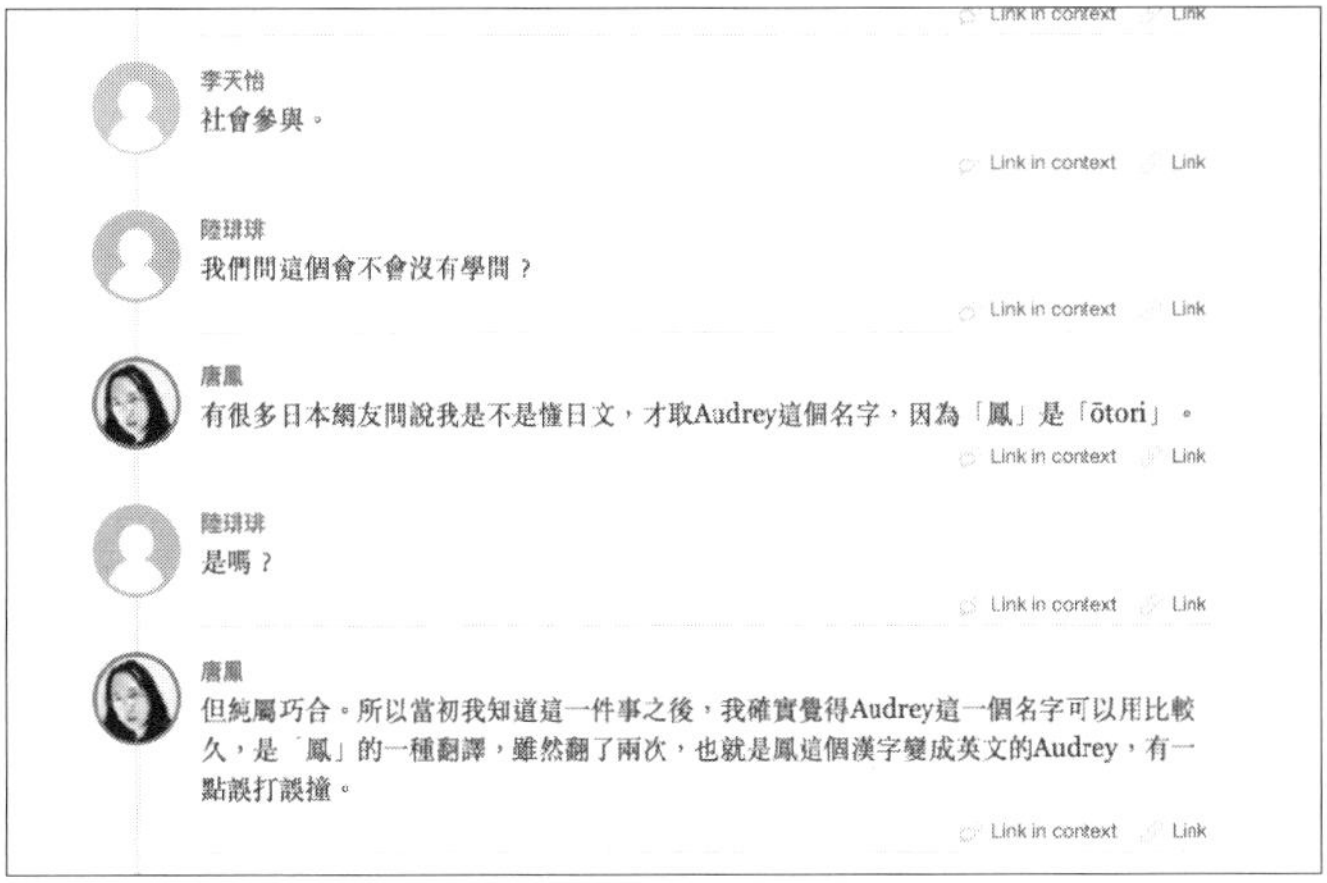

発言は一つ一つにパーマリンクが発生するため、その発言を選んで
人にシェアすることができる。

「今でも活用している議事録を公開するためのプラットフォーム〈sayit〉は、この『教育課程発展委員会』のために作ったものです。話すスピードが速い人の話を、誰もが聞いてすぐわかるとは限りません。文字の良いところは、後から文字を読むことで理解しやすくなるということです。映像で残すのとはまた違うメリットがあります」

このオードリーの話を聞いていて、ふと思い出したことがある。私は過去に6年間ほど台湾のデジタルマーケティング企業に勤務していたことがある。台湾の最高学府である台湾大学の卒業生など優秀な若者たちが続々入社してくるのだが、一度「企画を立てろと言われても、方向性が指示されないと、どうしたらいいかわからない」と相談されたことがある。彼らは「企画が苦手。あまり好きではない」とこぼしていた。

日本の教育を受けて育った私からすれば、企画を考えることは最も楽しいものであるはずなのにどうして？　あれだけ優秀なスタッフの立てた企画を見てみたいのに、という思いがあった。彼らは私が何日間も必死で勉強して臨むデジタル系の資格試験に、たった数時間の勉強で一発合格するほど優秀なのだ。

後に、台湾の小学校に進学した長男の授業参観に行った時、少しだけその理由が垣間見えた気がした。工作の授業だったのだが、教師がまず完成見本を見せ、その通りに作らなければならないという。息子は木の葉っぱの色が違うからとやり直しさせられていた。そして、見本と寸分たがわぬように完成させた生徒が褒められていた。その光景を見た時に「実行能力の高さと、何を実行するかを自分で考える能力の違い」が私の中で浮き彫りになった。

少し前までの台湾は、実行能力の高い人材を排出することに長けていたのだろう。けれど、この新しい「素養教育」を受ける世代は、過去とはまったく違った環境で育つことになる。そしてその世代が、新しい社会を築いていく。台湾の教育現場は、少しずつかもしれないが着実に、その姿を変えていくだろう。

台湾はいつもそうだ。台湾が海外との貿易を経済の中心にして発展してきた過去や、複雑な歴史背景と関係があると私は思っているが、新しい未知なるものをすぐに受け入れられる柔軟性を備えている。そして一人の日本人として、この柔軟性の高さを見習いたいといつも思っている。インターネットの誕生後、ガラパゴス携帯をものすごい速さで押し退け、いきなりスマートフォンが普及した。日本から来た旅行客が、台湾の街角で高齢者らが慣れた手つきでスマートフォンやSNSを操作しているのを見ていつも驚いている。台湾は、変わる時にはそれはそれはダイナミックに変化していく。

成人年齢を20歳から18歳へ

現在オードリーは、成人年齢を20歳から18歳に変更するというプロジェクトに注目している。

「18歳で高校を卒業したら、大学へ行かずに社会に出てみるのもいいですよね。もし本当に学術や技術に興味があるのなら、そこから大学に進む道に戻ればいい。そうすれば、大学に行った彼らは、自分だけのためでなく、学習しながら社会価値を創造するようになるでしょう。大学と社会が相互支援する関係になります。

高校から大学への進学率が90%以上という今の台湾では、高校を卒業したら大学に進まなければならない、そうしないと保護者に反対されるというのが一般的な考えかもしれません。高卒で働こうとしても、保護者の同意が必要になります。けれどもし18歳で成年とみなされれば、子どもたちは保護者の言うことに従わずとも、自分で進路を決められるようになります。これは教育全体にとっても大きな変化となるでしょう。この草案はすでに立法院に送られ、通過を待っているところです。また、今では人材採用の際に『学歴および○年以上の仕事経験、または○○資格』といったように、応募条件に多様性を持たせることが多くなっています。学位に代わる何かを持っていれば、やりたい仕事に就けるようになってきています」

実はこの成人年齢について、16歳まで引き下げても良いとオードリー個人は考えている。

「イギリスは16歳で成年ですからね。でも毎回少しずつ、一歩一歩進めばいい。そのほうが、皆が受け入れやすいでしょう」

5 大臣として掲げる3つのミッション

私は一度、「なぜ学者の道を選ばなかったのか」とオードリーに尋ねたことがある。彼女の答えはこうだった。

「私はすべての時間を研究に当てていますよ。見知らぬ人同士がどのように共通価値を創り上げるか。それが私の研究テーマです」

2016年5月、台湾史上初の女性総統として、民進党の蔡英文が選ばれた。当初、政府はオードリーにデジタル担当大臣候補の推薦を依頼する。だが適当な人物がおらず、最終的に彼女自身に白羽の矢が立った。就任にあたり、オードリーは蘇貞昌《スー・チェンチャン》行政院長に3つの条件を出した。

「行政院に限らず、他の場所で仕事をしてもいいこと。出席するすべての会議、イベント、メディア、

納税者とのやりとりは、録音や録画をして公開すること。誰かに命じることも命じられることもなく、フラットな立場からアドバイスを行うことの3つです。院長はすぐに『問題無いですよ』と言いました」

こうして入閣したオードリーは、自身のミッションを自ら定義している。それが「ソーシャル・イノベーション」「若者の政治参加」「オープンガバメント（開かれた政府）」の3つだ。台湾では大臣の任期は特に法律で定められてはいない。オードリーは２０１６年の入閣以来、現在（２０２０年）で4年目となる。彼女の活躍は実に広範囲に亘るが、日々の仕事の軸足を置いているこれらのミッションについて、ここでは触れてみたい。

ソーシャル・イノベーション

詳しくは第4章に譲るが、ソーシャル・イノベーションとは、従来とは異なる創造的な解決法によって社会問題や課題を解決することを指す。

オードリーは、２０１８年に〈ソーシャル・イノベーション推進アクションプラン〉という各省庁

圖4 社會創新行動方案架構

〈ソーシャル・イノベーション推進アクションプラン〉組織図

を跨いだ5年計画・総投資額88億元という大規模プロジェクトのプランを行政院内で通し、その召集人に就任している。執行担当は経済部（日本の経済産業省に相当）で、それを進める基地として2017年10月より〈ソーシャル・イノベーションラボ〉が置かれている。オードリーのオフィスは行政院の他にこの〈ソーシャル・イノベーションラボ〉という施設内にもあり、そこは彼女にとってもう一つの家のような存在だ。

　この5年がかりの〈ソーシャル・イノベーション推進アクションプラン〉は、「価値育成」「資金取得」「イノベーションの育成」「法律の調整」「開拓推進」「グローバルとのリンク」が主軸に据えられており、それぞれに内政部（日本の総務省に相当）、教育部、労働部、衛生福利部（上記2つは日本の厚生労働省に相当）、外交部（日本の外務省に相当）、国家発展委員会などが関わっている。数々の省庁を跨いだプロジェクトだ。

オードリーの仕事の一つとして次項で紹介する〈総統杯ハッカソン〉も、このアクションプランに含まれている。

「もともと政府内で、馮燕《フォン・イエン》という大臣が類似した〈社会企業アクションプラン〉という4年間のプロジェクトを推進されていました。私は2016年10月1日に入閣してから、彼女のプロジェクトが終了する年末までの2ヵ月間、そのプロジェクトを引き継ぎました。引き継ぎの様子もすべて記録され、公開されています。その後、私はメンバーたちと共に、新たに〈ソーシャル・イノベーション推進アクションプラン〉を書きました。前者との主な違いは、2015年に国連によってSDGs（持続可能な開発目標）として、17カテゴリ169項目が定められましたから、そちらの世界共通言語に合わせた形で『公共の利益』とはどのようなものなのかを定義したことです。

それともう一つ、とても重要な違いが、社会問題の解決を単一の企業ではなく、異なる領域のコラボレーションによって実現しようとしたことです。以前は、『社会企業とは会社の形態を取っていなければならない』と考える人が多かったのですが、私たちは組合や基金会、そして大学といった組織もこの概念において重要な存在であることに気が付きました。もし『社会企業は会社である』という概念に絞ってしまうと、誰が大企業に所属しているとか、そういった肩書きを意識する方向に議論が向いてしまう。ソーシャル・イノベーションが産業イノベーションと違うのは、彼らの商品を買ったりサービスを受けたりしなくても、『こういったコラボレートが可能である』という概念を学ぶだけで、たとえ物理的にとても遠い場所のことでも、自分たちの問題としてすぐに取り入れることができるということです。

それらの背景から、このアクションプランの方向性にSDGsを定めたことで、教育と外交の役割が非常に重要になりました。そのため、最も予算が多いのは、教育部が大学教育の中に社会責任を実践で学ぶカリキュラムを取り込もうという〈大学社会責任プラン（USR）〉で、およそ40億元（日本円で約160億円）近くです」

このアクションプランの推進において、オードリーは「自分が関わっていないものは無い」と断言する。会議に参加する以外に、各省庁が推進するプランの内容に対してもアドバイスを行う。現場まで赴くこともある。もちろん彼女は入閣時に「誰からも命令されないし、自分も命令しない」と決めているので、彼女のアドバイスを採用するかどうかは相手側の自由だ。

彼女のオフィスは〈PDIS（Public Digital Innovation Space）〉という名称で、政府内の組

織をデジタル面からサポートし、イノベーティブな方法で公務体系の仕事の流れ、ツールや規則を改善することをミッションとしている。〈ＰＤＩＳ〉のスタッフは、政府内の32の省庁から一人ずつ任意で派遣していいことになっている。現在のところ、12の省庁からメンバーが派遣されてきており、もともと馮燕元大臣が〈社会企業アクションプラン〉を推進していた時のメンバーもいるし、教育部のように〈大学社会責任プラン〉など、新しくプランを作ったために新たに追加されたメンバーもいる。彼らは行政院内に2ヵ所あるオードリーのオフィスの他〈ソーシャル・イノベーションラボ〉で仕事をすることもある。

もちろん、ソーシャル・イノベーションには科学知識やＩＴスキルが必要となるが、それよりももっと大切なことは「**どのようにすれば社会に対してこの概念を伝えられるかという観点を持てるかどうか**」だとオードリーは言う。

それは、メディアの仕事に通じるものがある。オードリーは「**自らも一つのメディアだ**」と語る。中国語と英語を用いて積極的にＳＮＳや動画配信を使いこなすことで世界中へ情報発信しているし、毎週水曜日にはこの〈ソーシャル・イノベーションラボ〉で執務を行い、インターネットで予約すれば誰でも会うことができるように自らをオープンにしている。そこで話されるテーマによっては各省庁のメンバーに出席してもらうこともある。

〈ソーシャル・イノベーションラボ〉には、政府側の組織だけでなく、ソーシャル・イノベーションに関連したスタートアップのコワーキングオフィスや、イベントスペースなどが入っている。先に紹介した、民間による法規討論プラットフォーム〈vTaiwan〉のメンバーも、仕事を終えた後にここで定期的に集まり、討論を重ねている。平日も夜遅くまで人の出入りが絶えない場所だ。

また、オードリーは「**ソーシャル・イノベーションが起こっている現場は台北だけとは限らない**」と、メンバーと共にしょっちゅう台湾の各地方へ巡回に出かけている。2017年9月から始まり、2020年11月までにすでに33回の巡回座談会が行われ、参加した人はのべ484名。座談会の様子は同時に台北・桃園・台中・台東・高雄といった各地方都市の拠点と繋いでライブ配信し、地域を超えて質疑応答などのコミュニケーションが図られる。

この巡回を含む、オードリーらのソーシャル・イノベーション関連の取り組みは、〈ソーシャル・イノベーションプラットフォーム〉上で常に更新されている（次々頁の上図参照）。このプラットフォーム上でもSDGsが強調されており、すでに掲載されている500近くのプロジェクトがSDGsのどの項目に該当するか、アイコンで一目でわかるようになっている。

「地方では、ソーシャル・イノベーションが必要な問題は都市部より多岐に亘ります。どうやった

ら各種の木の葉を安全な食材にできるか？　私有の古い建築物をどのように保管したらいいか？　など、様々な知識を必要とするので、当事者だけで解決するのは難しいですし、かといって私一人でこれらのすべてを細部まで把握するのは不可能なことです。だから、ここで上がった問題については各省庁の協力のもと、担当者から回答してもらっています」

「毎週水曜、オードリーは〈ソーシャル・イノベーションラボ〉にいます」と記載された、面会予約受付のウェブページ。いつも予約でいっぱいだ。

〈ソーシャル・イノベーションプラットフォーム〉では、
オードリーの「地方巡回」の実績がわかる。

プラットフォーム上ではソーシャル・イノベーション関連のプロジェクトを提案し、仲間を募ることもできる。それぞれのプロジェクトはSDGsの項目から絞り込み検索が可能だ。

プラットフォーム上で「学校におけるアニマルセラピーをより取り入れるべきだ。セラピー犬の付き添い対象を、特別支援学級のほか、一般学級に在籍するADHD（注意欠如・多動性障害）や自閉症、トゥレット障害といった精神・神経疾患のある子にも広げてほしい」という意見に対し、教育部が回答していた。

〈ＳＤＧｓ〉が共通言語

国連に未だ加盟を認められていない台湾で、国連が定めたＳＤＧｓを市民の共通言語にしたのは、オードリー自身が行ったソーシャル・イノベーションであると私は思っている。それは、オードリーからこの話を聞いたのがきっかけだった。

「〈ソーシャル・イノベーション推進アクションプラン〉では、２０２１年から金融監督管理委員会が管轄する〈コーポレートガバナンス３．０〉が実施されます。これにより一定の規模以上の上場企業は、ＳＤＧｓの17の目標を社会に果たさなければならなくなります。たとえば低炭素など、ＳＤＧｓの達成に関連した金融商品も発行されます。規模の大きい企業が公益のために何かをしたい時、自ら基金会を設立して行うのではなく、私たち４００～５００社が一緒に行動できるよう導いていきます」

これまで縦割りの政府や、企業が個々にそれぞれの方法で果たしていた〈ＣＳＲ（企業の社会的責任）〉が、ＳＤＧｓという共通言語により連携し始めている。それは国際社会からもきっと見て取れるはずだ。

「人」から人と知り合うのではなく、「価値観」から知り合う

黎明期からインターネットの最先端に関わり続けてきたオードリーの中には、**「インターネット上において、年齢や性別などといったものは、まるでTwitterのプロフィール画像のように、変えたければどのようにでも変えられるもの」**という概念がある。

そのため、そうした属性よりも価値観から人と知り合ったほうが、すぐに目標に向けて協働できるというのだ。価値観から人と知り合えば、共に何かを創り出すのもスピーディにできるし、互いに知識や経験をシェアし合うことでとても楽しい気持ちになれるのだ、と。

「価値観から人と知り合い、何かを一緒に創り出し、それによってまた新しい人と知り合う」のがソーシャル・イノベーションの根本的な考え方だとオードリーは話す（詳細は第4章で後述）。

「社会問題とは誰かが解決してくれるのを待っていたり、自分一人で解決しようとしても永遠に一

部分しか解決できません。異なる能力や角度で物事を見る人が、自分とは異なる部分の問題を解決できるのです。だからこそ、皆で分担して問題を解決するということが非常に大切です。そして解決方法をシェアしていくこともまた、とても大切なのです」

こうした姿勢を〈オープン・イノベーション〉と呼び、この姿勢で社会問題の解決に当たることを〈ソーシャル・イノベーション〉という。そして興味深いことに、オードリーは「この姿勢はとても大切なことですし、台湾人は皆、その精神を持っています」と話す。あまり良い意味で使われないことも多いのですが、と断りながらこう続ける。

「台湾には、雞婆《ジーポー》という形容詞があります。不公平なことを見かけた時、警察や町内会の会長のような人が解決してくれるのを待たずとも、どうにかしてもっと良くできないか考え、そしてそれを他の人に惜しみなくシェアするような精神です」

台湾で「雞婆」とは「余計なお世話」といったあまり良くない意味で使われることが多いが、ここで彼女が言いたいのは、「世話焼き」に近いニュアンスであろう。確かに台湾は、人と人の距離がものすごく近いように思う。私が春先や秋口などにベビーカーに裸足で赤ちゃんを乗せて歩いていると、まったく見知らぬ人から「足が冷えるから靴下を履かせなさい」と言われるので、今では靴下を持ち歩く癖がついた。たまたま乗ったタクシーの運転手さんから収入や家賃を訊かれることも多い。

何はともあれ「雞婆」は、私がオードリーから教わった中国語の一つに仲間入りした。

若者の政治参加

２０１６年11月に結成された〈行政院青年カウンセリング委員会〉は、選考によって選ばれた18歳以上35歳以下の若者が、若者を代表するリバースメンターとして公共政策についてアドバイスを行う組織だ。任期は２年で、２０２０年11月には第三期が始まった。委員会のメンバーは自らの知識や経験を元に、教育、健康、家庭、経済機会、業界を跨いだ議題、公民と社会参加、国際視野と経験という７つの領域において、新しい技術や方向性などを提案する。委員会は行政院長が召集人となり、オードリーは２人いる副召集人のうちの一人として、いくつもの会議に出席している。会議に参加するのはオードリーだけではない。およそ12の省庁もテーマによって出席する。

オードリー自身、２０１４年に政府が開始した〈リバース・メンタリング制度〉がきっかけとなり、ジャクリーン前大臣に民間による法規討論プラットフォーム〈vTaiwan〉の外部コンサルタントとして政府に引き入れられたことはすでに述べた。彼女はこの〈行政院青年カウンセリング委員会〉で得られた効果について、こう語る。

「この青年委員会のメンバーたちに共通しているのは『だいたいこうであろう』という見解に縛られていない点です。そのため、彼らからの提案は往々にして省庁を跨ぐ構造的な問題を明るみにします。例として第二期の委員会の一人、原住民族・タイヤル族の起業家の話をしましょう。彼はサービス業の組合を作ったのですが、この組合は営利目的の事業ではないとみなされるので、経済部が中小企業向けに作った制度が適用されません。

また、慈善目的の団体でもありませんから、そちら方面の資源も適用されず、定義が不明確な状況にありました。そこで彼は内政部に対して問題提起しました。組合の中には、消費者が共同購入を行うために設立された消費共同組合のように、主な目的はコスト削減のためだったり、購入する物の品質を確保するためだったり、営利目的ではないものも含まれると。これはサービスやプロダクトを提供する事業経営とは異なり、消費者側でのコラボレーションですからね。

一方で、労働組合のような生産者側のコラボレーションは、基本的に一つの事業体と大差はありません。自分たちで事業を起こすのと変わりませんが、時折、非営利組織に分類されることがあり、法律の使用上、様々な問題が生じていることを指摘する内容でした。そこで私は内政部に対し、一年以内に法律や法律の修正案によってこの問題を解決するよう依頼しました」

オードリーは「依頼した」と言っているが、私は彼女のオフィスで、彼女やスタッフらがどうすればこの問題を解決できるか、ホワイトボードに書きながら討論しているのを見たことがある。一方的にその問題を投げるのではなく、オードリーはパイプ役として解決方法を考え、提案しながらバックアップに回っている。そのことが窺える一幕だった。

「この他にも本当に様々な問題が提案されています。たとえば国際的なNGOが台湾に事務所を設立する際の手続きもそうです。これまで国際的なNGOの事務所はほとんどが香港にありましたが、その多くが台湾に拠点を移そうとしています。ところが台湾は国際的な企業の設立については経験が豊富なものの、国際的なNGOについてはほとんど経験がありません。外交部には専門の窓口や、ウェブサイトが必要です。今もあるにはあるのですが、英語のものが無いので急いで作る必要がありますね。大部分の法律も英語版の用意がありません。彼らがインターン生を募集したり、クラウドファン

〈行政院青年カウンセリング委員会〉第二期メンバーたち。

ディングを行うにはどうしたらいいかなど、できるだけ海外の皆さんに優しい環境を整えたいと思っています。こういった時代のニーズに応えようと、外交部も目下努力中です」

「東アジアでは一般的に、歳を重ねているほどベテランであり、年下の意見は参考にするものであって、方向性を示すほどのものではないとされています。けれど台湾のオープンガバメントにおいてとても重要となったのは、35歳以下の若者が提案したものでした。実際の政治の現場においてそれを実行するのは専門性を持った公務員で、彼らは35歳以下ではありませんでしたが、それでも若者の意見を信じてくれたのは、簡単なことではないと思います」

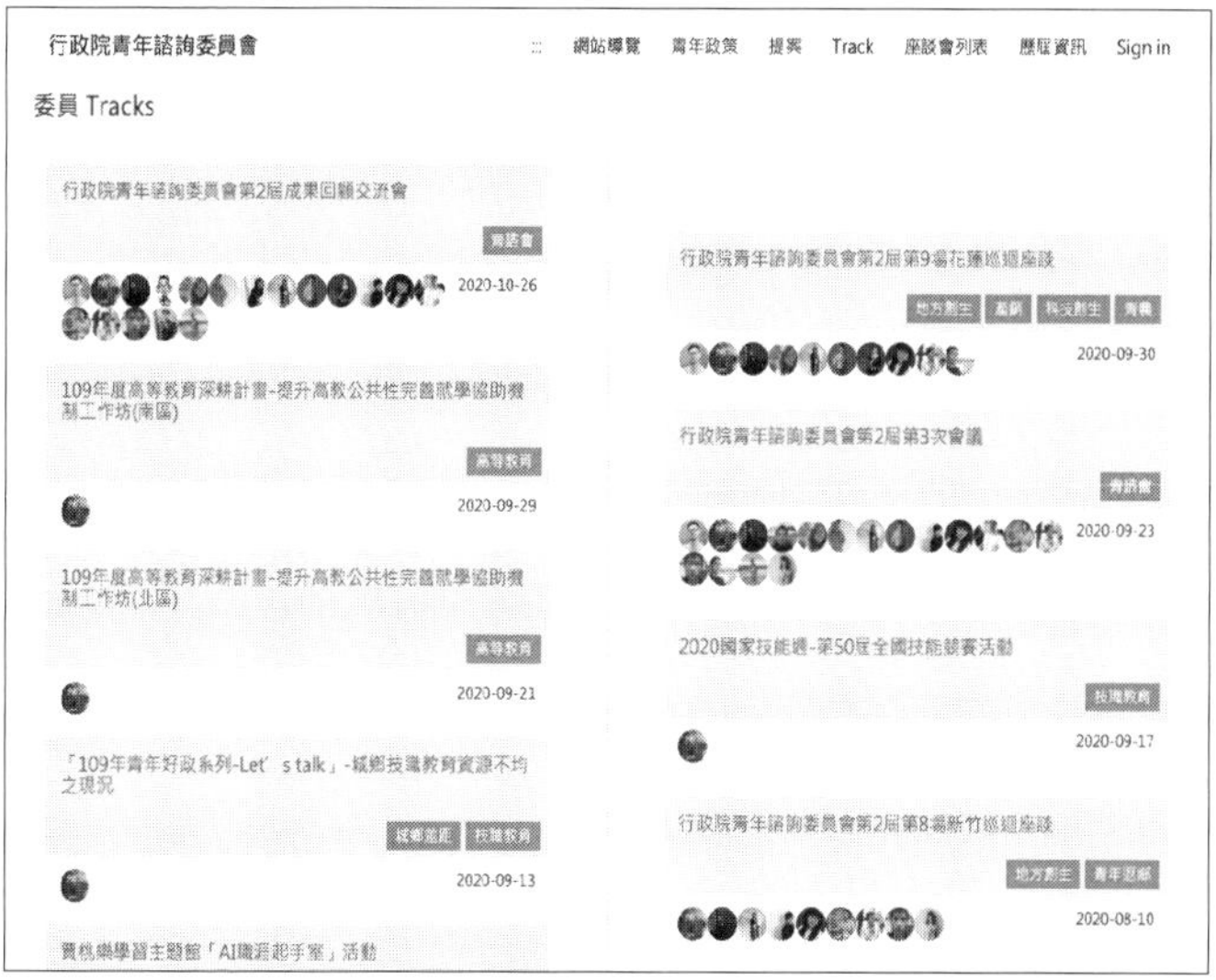

委員会で行われた会議は、参加者や議事録まですべてがウェブサイト上で公開されている。

実際に採用された提案の概要。どの委員が賛成したかもわかる。

開かれた政府〈オープンガバメント〉

2014年の〈ひまわり学生運動〉以来、台湾の政府は内部でも、外部からも〈オープンガバメント〉、つまり、開かれた政府を目指す動きが活発化している。オードリーは2020年5月に行政院内で〈オープンガバメント・国家アクションプラン〉を通しているし、同じタイミングで立法院側にもオープンガバメントを推進するタスクフォースが結成され〈国会開放アクションプラン〉を通している。〈ひまわり学生運動〉をきっかけに立法委員となったヘヴィメタル・ミュージシャンのフレディ・リムも、主要メンバーの一人だ。

その前の2014年末、オードリーは台湾の公務員300人にオープンガバメントを取り入れた働き方を教えている。その翌々年の立法委員選挙では、オープンガバメントに反対した候補はすべて落選したという。

「この時に使ったカリキュラムはもちろん、撮影された動画や議事録もすべて公開されています。当時のレッスンを受けた人々が教師となり他の人々に教えられるよう、カリキュラムをコピーできるように作りました。今でも私のオフィスのスタッフは行政院人事行政総務や文官学院、外交学院などへ教えに行っています。2015年には1000人以上の公務員が訓練を受け、2016年に私が入閣してからは、これが正式な私の仕事の一つとなりました」

「オープンガバメントは4つに分けられます。1つ目は政府の資料やデータを開放すること（Open Data）。そして2つ目は開放された後に何か意見がないか問いかける「市民参加（Community Engagement）」。それらに政府が答えるのが3つ目の「説明責任（Accountability）」。そして4つ目が、3つ目で誰かのことを忘れていないか？　言語が通じなかったり、身体障害を抱えているなどといった理由で考慮されずに取り残されている人がいないか？　を探す「インクルージョン（Inclusion）」です。これら4つをまとめたものが、オープンガバメントなのです。この考えは台湾だけのものではありません。〈オープンガバメント・パートナーシップ（Open Government Partnership 略称：OGP）〉という国際連盟に加盟している約80ヵ国は、そのような概念を持っています（筆者補足：2020年12月現在、日本は未加盟）。台湾はこのOGPの会員国ではありませんが、サミットへの参加などを通じて関与しています。私も入閣前に、フランスやカナダで行われたサミットに出席しています。

台湾は2015年にOGPへ会員国入りを申請していますが、受理されませんでした。でも私たちは必ずしも先に会員国にならなくても、彼らと同じようなやり方でオープンガバメントを推進することが大切だと考えています。皆さんが台湾を加盟させてくれれば大変嬉しいですし、もしそれが叶わなくても、海外の関係者を台湾にお呼びして討論できればそれでもいいと考えています。具体的には2016年末から開始した、オープンガバメント連絡人の制度があります。私のオフィス〈PDIS〉のウェブサイトには、その専門のページがあります」

2016年7月、入閣前に政府内のスタッフに向けてオープンガバメントの働き方についてレクチャーするオードリー。

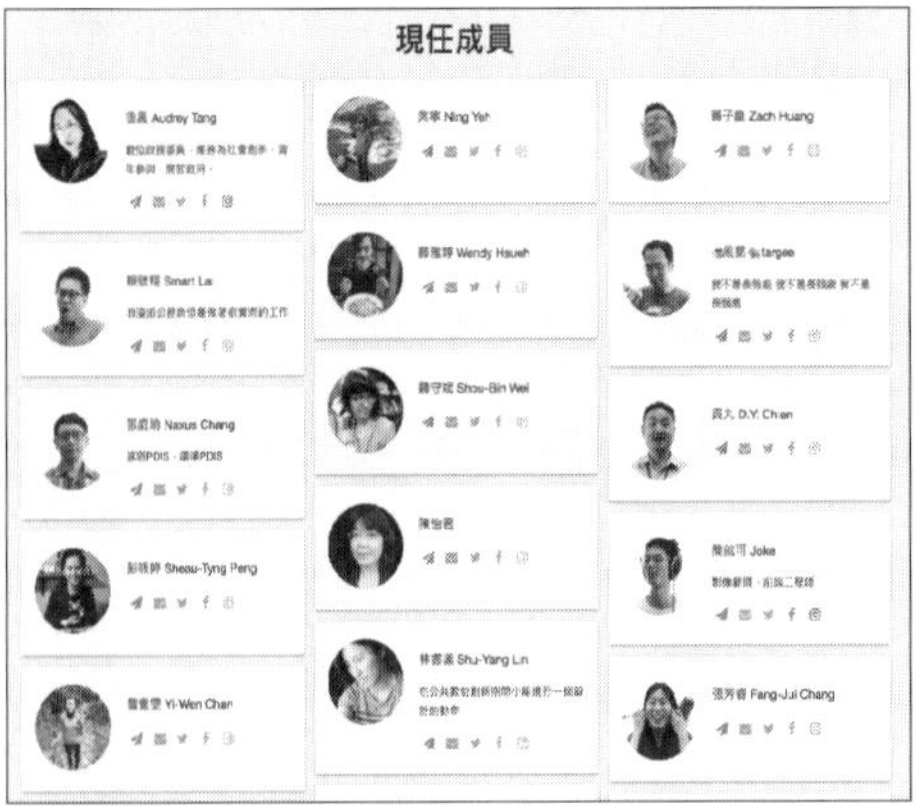

オフィス〈PDIS〉のウェブサイトには、現在と過去のスタッフの名簿が連絡先情報とともに公開されている。

国民が政府を「監督」する

台湾には〈Join〉という、行政院が運営するプラットフォームがあり、政府が進める全政策について予算や進捗などの情報が公開され、随時更新されている。国民は投票によって政治を任せた後も、こういった形でしっかり実行に移されているかを監督できるのだ。

これは2015年に行政院副院長だった張善政《チャン・シャンヂャン》（翌年、院長に就任）が国家発展委員会とともに作ったもので、設立に当たってはジャクリーン前大臣が重要な役割を果したとオードリーは言う。当時、オードリーも外部コンサルタントとして設立の準備に加わっていた。

行政の30の組織それぞれのプロジェクトにまつわる情報が公開されている。

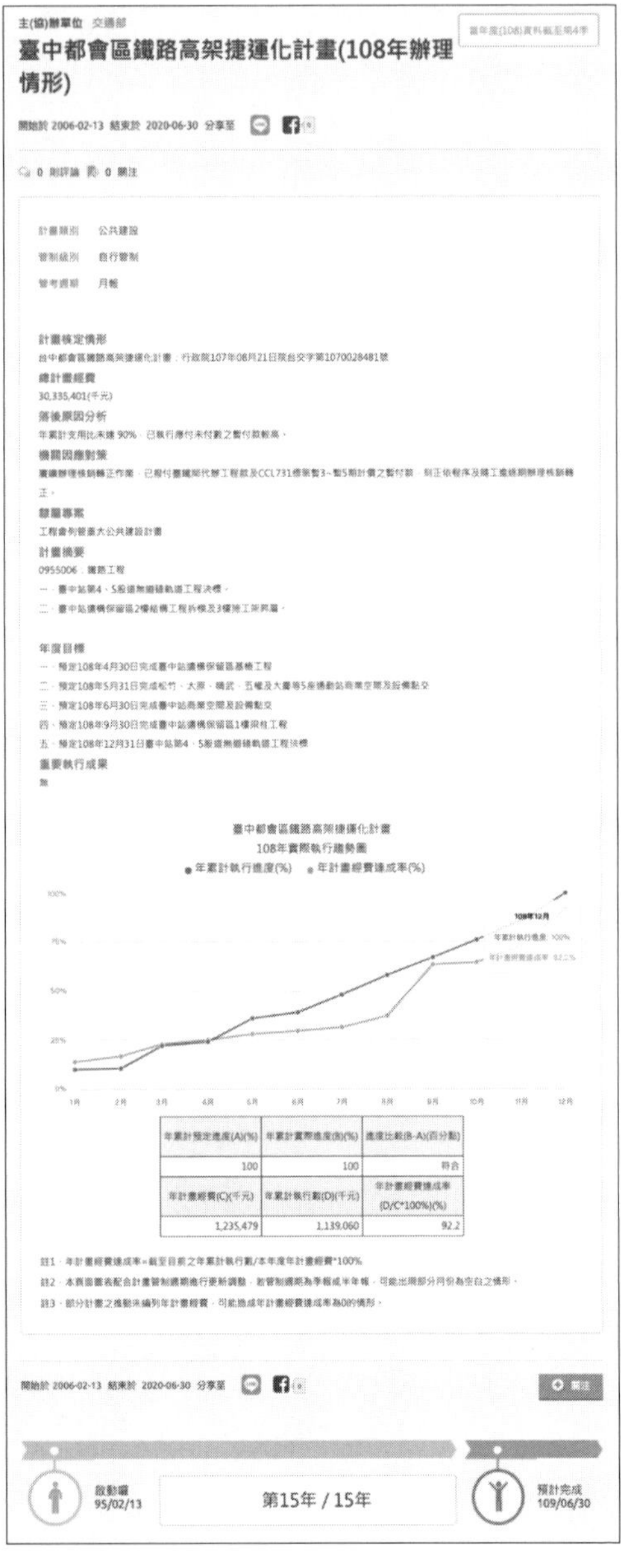

一つ一つのプロジェクトの概要および詳細と、総経費、実行経過までがひと目でわかるようになっている。さらに市民がコメントを付けると政策担当者から返信される。

オードリーが描く台湾の未来

「ソーシャル・イノベーション」「若者の政治参加」「オープンガバメント」。オードリーは、この3つは、テーマは違うが実際には深く繋がったものであると話す。そして彼女は自分がリーダーとして牽引していくことはない。どちらかというと、パイプ役となって物事がうまく進むようにバックアップするのが彼女の特質だ。命令されたままに動くスタイルが身に染み付いている人々にとって、はじめは少し慣れないかもしれない。けれど本当の民主主義においては、一人一人が主体的に自分の頭で考え、動いていかなければならない。だからオードリーのスタイルは、非常に民主主義的であるように思える。

それともう一つ、オードリーをテーマに取材していて気付いたことがある。彼女はよく、原住民族のトピックを例に出すのだ。

「このトピックを特別に選んでいるわけではありません。原住民族を例にする時、私が伝えたいのは、インクルーシブ（Inclusive 包括的）である場合が多いですね。たとえば台湾の伝統的な公務は漢字や中国語ベースで成り立っています。そのため、原住民族やグローバルNGOなど、中国語が母国語

ではない方々に対して、理論上は、参加の権利は平等にあることになっていますが、実際はいくらか剥奪されてしまっているのです。そして、18歳未満の青年や青少年については、理論上も剥奪されていますよね。まだ投票権がなく、言語に関係なく参加権を持ち得ないわけです」

「誰も取り残さない社会」を目指して、彼女は種蒔きを続けている。彼女はこの先の台湾に、どのような未来を描いているのだろうか。

「民主制度をもっと深めることです。4年に一度投票するだけではなく、日々、民主政治に参加して、それが台湾国内だけに知られるのではなく、国際的にもこういった民主化の方法があることを知ってもらい、共に民主の道を歩もうと励まし合いながら、世界と繋がっていく。それこそが私たちのスローガン〈#TaiwanCanHelp〉の目指すところです」

そしてオードリーは、行政院長公認のもと、大臣以外の仕事も行っている。論文を審査したり、入閣後にもかかわらず、名門スタンフォード大学で研究を行う蕭郁溏《シャオ・ユータン》の社会学についての研究論文に加わり、発表していたりもする。

さて、冒頭で紹介した「なぜ学者にならなかったのか」という質問に対する彼女の答えには、続きがある。

「あなたの質問が『なぜ教授にならなかったのか』という意味でしたら、教授は所属している大学の学生のために精力的に力を発揮するのに対して、私が協力し、学びたいと思っている相手は世界ですから、範囲が違うのです」

6 〈総統杯ハッカソン〉――2018年〜現在

オードリーが入閣後に推進しているソーシャル・イノベーションの中で、私たち日本人としても知っておきたいのが、2018年から毎年開催されている〈総統杯ハッカソン〉だ。

2020年の表彰式典。会場は総統府。
提供：PDIS

2020年の表彰式典でスピーチを行う蔡英文総統。
提供：PDIS

総統の名の下に実行されるこのハッカソンは、台湾各地が抱える課題を国民が提議し、政府が開放するオープンデータを活用しながらその解決策を提案するというものだ。毎年5組がグランプリとして選出され、受賞したプランは、1年以内にどのように実行するかを確認される。

「蔡総統の考え方はとてもシンプルです。政府の官僚だけで政策を決めてはならず、政府・国民・有識者らの対話の中で決められるべきだという考えを持っています。ハッカソンというと通常は数日間の小規模なものが多いですが、この〈総統杯ハッカソン〉は3ヵ月に亘って行われます。解決したい、議論したいと思う問題があれば、毎年決められた期間内に提議することができます」

縦割りが横へ、世界へと広がっていく

〈総統杯ハッカソン〉の発起人でこそないものの、オードリーは召集人兼品評委員の一人として第1回目から参加している。第3回目となる2020年には行政院と国家発展委員会、そして台湾においてアメリカ大使館の役割を果たすアメリカ在台協会（AIT）の共催となり、総統府も指導役に加わった。さらにNASAがオープンデータを提供するなど、その規模は開催ごとに広がりを見せている。

なぜ日本人も知っておきたいと思うかというと、このハッカソンは海外からも参加できるからだ。海外参加者枠の賞も用意されている。オードリーは日本語版の告知動画も用意してくれている。このハッカソンに参加すれば、オードリーや台湾がどれだけオープンなのかを感じることができるだろう。

〈総統杯ハッカソン〉は、まず年始めの1月頃に国民から解決したい地域の課題を集めるところからスタートする。グランプリを選出するための評価基準やウェイトは主に「創造性（30％）」「実行可能性（40％）」「社会影響力および民衆の参加性（30％）」とされ、詳細はウェブサイトに公開されている。集められた提案は、民間投票で20組まで絞られる。この民間投票には二次投票〈Quadratic Voting〉が採用されており、これは一人一人が固定のポイントから投票したい票の二乗分を使うことで、数において不利なマイノリティがマジョリティに打ち消されてしまう従来の投票方法の欠点を補う

日本語字幕が付けられた〈総統杯ハッカソン2020〉告知ムービー。

〈総統杯ハッカソン2020〉表彰式典の様子。
提供：PDIS

ことができる。「支援したい」という意思を反映できる新たな投票方式として、近年注目されているやり方だ。この後、オードリーら品評委員会によってさらに15組が選ばれ、上位5組がグランプリとなる。

2020年9月に〈総統杯ハッカソン〉の表彰式典が行われた翌日、私はオードリーを取材していた。コロナ禍で対応に追われながらハッカソンの準備や選考をするのはきっと大変だったことだろう、これで一息つけるのではないかと思ったのだが、彼女は笑顔でこう言った。

「表彰式典が終わった瞬間に、また来年の開催準備を始めなければなりませんし、これから1年間で5組のグランプリが出してくれたアイディアをどのように公共政策として実行していくか、頭をひねって考えていくのです。〈総統杯ハッカソン〉は賞金がなく『提案したことが実行される』ことにこそ価値がありますからね。前の2回で受賞した提案の約9割がすでに政策になっています」

政策となった後は、各省庁などの手に渡り、実行される。実行状況は政府のプラットフォーム〈Join〉上でも確認できるし、オードリーらが開催しているソーシャル・イノベーションの定例会や、フォローアップ会議でも議題に上がるという。

〈総統杯ハッカソン〉参加者らと交流するオードリー。皆が熱心にオードリーに意見を求める姿が随所に見られる。提供：PDIS

たとえば、第1回のグランプリの一つ、〈零時差隊（時差ゼロチーム）〉が離島の救急・重症患者の搬送制度改善について提議したことがきっかけで、電子カルテや電子サインなどのデジタル化といった6つの法律の壁を突破し、台湾本土の医師と離島や山岳地帯の患者を繋ぐプラットフォームが構築され、制度は大幅に改善された。同じく第1回のグランプリ、〈救急救難一站通（救急救難ワンストップ）〉は、2014年に高雄市内で起こった大規模なガス爆発事故において、重傷者を救急病院に輸送するにもどの病院に輸送可能かといった情報の伝達がアナログだったことを改善したいという提案だ。こちらは病院や消防の設備やシステムを変えたりと、実行が非常に複雑なため、2年間かけて現在やっと実施が始まったところだとオードリーは言う。

けれども一度、ここで立ち止まってほしい。こういった複雑な課題はこれまで、トップダウンでなければ解決しようとされなかったのではないだろうか。台湾の行政は縦割り組織で、異なる組織を複数跨いだ課題を主体的に提議するのは難しい。だが〈総統杯ハッカソン〉では、ソーシャル・イノベーションという概念を軸に据えることで、異なる公務員組織のメンバーがいくつもチームを組んで提案している。賞金や名誉ではなく「実行されること」をモチベーションにすれば、ボトムアップで課題の解決ができるということを、台湾は私たちに証明してくれている。

過去のグランプリ

ここで、実際に受賞した提案にはどんなものがあるのか見てみよう。

第1回(2018年)　テーマ:「ソーシャル・イノベーション」

全108チームが参加。

グランプリ受賞プロジェクト	プランの内容
永不回頭	児童・少年虐待の再犯を防ぐため、機械学習(マシンラーニング)とAIを利用し、各家庭での再犯率を低下させる。
法扶-如虎添翼隊	データ分析でリソースのカバー率を把握し、社会的弱者への扶助を最適化する。
救急救難一站通	救急ケア関連のデータを統合し、フォーマットを合わせるなど整合することで、救急医療施設・消防局・衛生福利部(日本の厚生労働省に相当)・病院や救急車とのコミュニケーションを円滑化する。
搶救水寶寶	ビッグデータと機械学習(マシンラーニング)により、水道の水漏れを早期発見する。
零時差隊	家族がサインしないと患者の個人情報が見られないなど、離島の救急・重症患者の搬送制度には6つの法律がボトルネックになっていることへの改善提案。

第2回(2019年)　テーマ:「スマート国家」

全132チームが参加。海外13ヵ国からの参加も。国民投票には約5000人が参加。

グランプリ受賞プロジェクト	プランの内容
資料申請小幫手	資料申請関連の業務をオープンデータの活用によって改善する。
銀髮天使	シニアの安全と生活のため、シニアのケアにまつわる指標などを導入する。
護您健康的在地媽祖安你的心	病人や看病者にもわかりやすい知識プラットフォームを設立する。
裁判易讀與量刑參考小幫手	司法院データ部による提案。難解な判決関連の内容や用語を一般の国民にもデジタルを利用してわかりやすくする。
詐貸掏空早知道	国税局スタッフが発起人。機械学習(マシンラーニング)などにより、虚偽の貸付や中抜きなどを早期に発見・解決する。

第3回（2020年）　テーマ：「持続可能な開発目標（SDGs）」

全250チームが参加。海外からは7ヵ国・53チームが参加。国民投票には約1万人が参加。

グランプリ受賞プロジェクト	プランの内容
臺灣好植地	衛星データを活用することで木を数え、スマートな植林を実現する。
CircuPlus『奉茶行動』	「奉茶（フォンチャー）」とは台湾に古くからある、お茶で客人をもてなす習慣のこと。この台湾の伝統文化の概念で給水スポットを案内するアプリを開発、ペットボトルの量を減らす。
節能智在好生活	台湾電力営業所、新北市政府環境保護局、資訊工業策進會數位所による合同チーム。住宅用の電力コントロールをスマート化することで、節電に繋げる。
健康氣象e起來	中央気象局、国民健康署と中央研究院による合同チーム。温暖化の影響で救急患者が10年前の3.5倍になっていることから、気象リスク予報プラットフォームを設立し、健康気象指標などを開発することでデータを国民の健康に活用する。
透明足跡	企業の環境保護違反記録を政府に広く公開してもらうよう求め、オープンデータ化することで環境問題を解決しようというNPO緑色公民行動連盟によるプロジェクト。今回のプランは汚染行為をする農地工場を農地に建てられた工場の納税記録等の公開によって暴く。

2020年のグランプリ5組。提供：PDIS

ハッカー文化のＤＮＡを、行政の内側へ

オードリーは〈総統杯ハッカソン〉開催に寄せた動画の中で、アメリカの有名なプログラマーであるエリック・レイモンドの「どのようにハッカーになるか（原題：How To Become A Hacker）」という文章を引用している。

「ハッカーは新しい物事を創造し、今そこにある問題を解決する。そして自由と共有の価値を信じる」ということ。そして彼女は「ハッカーにとって大切な５つの心得」をこのように説いている。

１・この世界には、非常に多くの面白い問題が私たちを待っている。

２・あなたが一つの問題を解決した後、他の人が同じような問題に時間を無駄に使うことのないよう、自分が思いついた解決方法をシェアしよう。

３・単調でつまらないことは、人類がやるべきではない。機械を使って自動化しよう。

４・私たちは自由とオープンデータを追求する。どんな権威主義にも抵抗する。

５・自らの知恵を差し出し、勤勉に鍛錬することで絶えず学習する。

「エリックは、『ハッカーは社会的に称賛され、認められるが、それは決して何かの権力を得られるわけではない』と言っています。どんな見た目をしているとか、個人的なスキルが他の人よりも優れていたり、劣っていたりということではなく、下心なく、ただシェアしたということ、自分の時間と創造性の成果を皆で使えるようにしたことにより、ハッカーとして認められたということに他なりません。このハッカー文化の基本的な考え方は、私個人の信念でもあります。入閣をきっかけに政府側に入ってから、私は少しずつこのハッカー文化のＤＮＡを私たちの日常の行政の仕事に取り込むことで、公務員組織の文化を変えていきたいと思っています」

「考え方」こそが、主役

私は以前、２０２０年度の〈総統杯ハッカソン〉でグランプリに選ばれた〈透明足跡〉というプロジェクトを実行するＮＰＯを取材したことがある。

彼らが開発した〈掃了再買《サオラザイマイ》〉（スキャンしてから買おうという意味）という名のアプリは、スーパーやコンビニに並ぶ商品のバーコードをスキャンするだけで、そのメーカーの環境汚染への加担度、違反履歴、罰金の支払いの有無、その累計金額までもがわかってしまうというもので、日本人にこの話をした時「日本では無理だ」という答えが返ってきた。企業からの圧力がかかるからと。

ただ、取材を受けてくれた〈透明足跡〉の曾虹文《ツォン・フォンウェン》は、「環境保護運動は『環境を汚染するなんて許せない』と感情に訴えて抗議するのが一般的だけど、私たちは企業と敵対したいのではなく、オープンデータを元に対話がしたいという点でまったくアプローチが違う。相手を倒産に追い込みたいのではなく『企業はどのような責任を果たすべきなのか』を一緒に考えたい。だから企業側も対話してくれるし、悪いところを直してくれる」と話していた。彼女はボランティアから〈透明足跡〉を実行するＮＰＯに参加し、30代で副秘書長を務めている。

彼女の考え方がオードリーとまったく同じだと感じた私は、「あなたのような考えが台湾の若者たちにも広がっていると感じる」とオードリーに伝えた。その答えはこうだった。

「私の考えも誰か他の人から来たもので、私も他の人へそれを受け渡しているのです。〝これは誰々の考えだ〟ということではなく、考え方こそが主役なのです。私たちはその考え方を継承しているに過ぎません」

アプリ〈(スキャンしてから買おう) 掃了再買〉。
提供:NPO緑色公民行動連盟

曾虹文とオードリー。提供:PDIS

7 新型コロナウイルス感染症対策 ――2020年

2020年は、世界中が新型コロナウイルスの感染拡大という大厄災に見舞われる年となった。各国がその抑え込みに苦戦する中で、台湾は未だWHO（世界保健機関）から加盟を承認されていないにもかかわらず、ロックダウンをせず抑え込みに成功。その存在感を発揮した。

この実績に対し、日本では「台湾から学ぼう」という声も上がる一方、一部から「台湾は人口が少ないから、日本の参考にはならない」といった意見も見られた。確かに、同じ島国でありながら、台湾の人口は約2300万人と、日本の約5分の1に過ぎない。

私は感染症の専門家ではないため素人の意見だが、ぜひ台湾の人口密度が世界トップクラスであることにも注目してほしい。国連の発表によれば、2019年の台湾の人口密度は1㎢あたり671人で、1位のバングラデシュに続く世界第2位だそうだ。単純計算をすれば、九州とほぼ同じ面積の島に、1平方キロあたり600人以上がいることになる。ソーシャルディスタンスが重要になる感染症対策においては、それなりに不利な環境だと言えるのではないだろうか。ちなみに日本は1㎢あたり

新型コロナウイルス感染症の被害状況

	感染者数	死亡者数	総人口	総人口に対する感染率（%）	人口密度（1k㎡当たりの人口）
台湾	1,184	12	23,774,000	0.005	671
中華人民共和国	102,625	4,846	1,433,784,000	0.007	153
モンゴル国	45,459	170	3,225,000	1.410	2
韓国	127,772	1,875	51,225,000	0.250	527
日本	642,187	10,860	126,860,000	0.506	348
シンガポール	61,359	31	5,804,000	1.057	8,292
アメリカ	32,707,797	581,754	329,065,000	9.940	36

（2021年5月10日作成）
出典：感染者数・死亡者数は米ジョンズ・ホプキンス大学システム科学工学センター（CSSE）、2021年5月10日時点のもの。総人口・人口密度は国際連合「世界の推計人口」、2019年7月時点のもの。

３４８人。
それでもロックダウンすることなく防疫に成功した台湾は、日本をはじめ海外から大きな注目を浴びた。オードリーが日本で広くその名を知られるようになったのも、このコロナ禍がきっかけと言っていい。では、彼女がコロナ対策においてどんな功績を残したのか、ここでおさらいしてみたい。

マスクマップの開発

新型コロナウイルスの感染が拡大し始めた台湾で、国内がマスク不足に陥るのは不可避だと政府が判断したのは、２０２０年2月3日。そこで、国内のマスクはすべて政府が買い上げ、実名制（本人確認）で販売、マスクの輸出は禁止することを発表する。実施開始日は発表からわずか3日後の2月6日とされた。マスク実名販売制度を実行したのは、衛生福利部（日本の厚生労働省に相当）直属の中央健康保険署。国民の99．9％をカバーする台湾の健康保険制度を管轄している組織で、健康保険適用の病院や診療所、薬局と密接な関係がある。

今回のマスク実名販売制度では、主な拠点として街中の健康保険特約薬局が選ばれた。台湾の健康保険証はＩＣチップが入っており、身分証明書としても使用されている。

そして健康保険特約薬局にはレジに健康保険証専用のカードリーダーがあり、中央健康保険署のデータベースと繋がっていることから、実名制での販売には最も適していると白羽の矢が

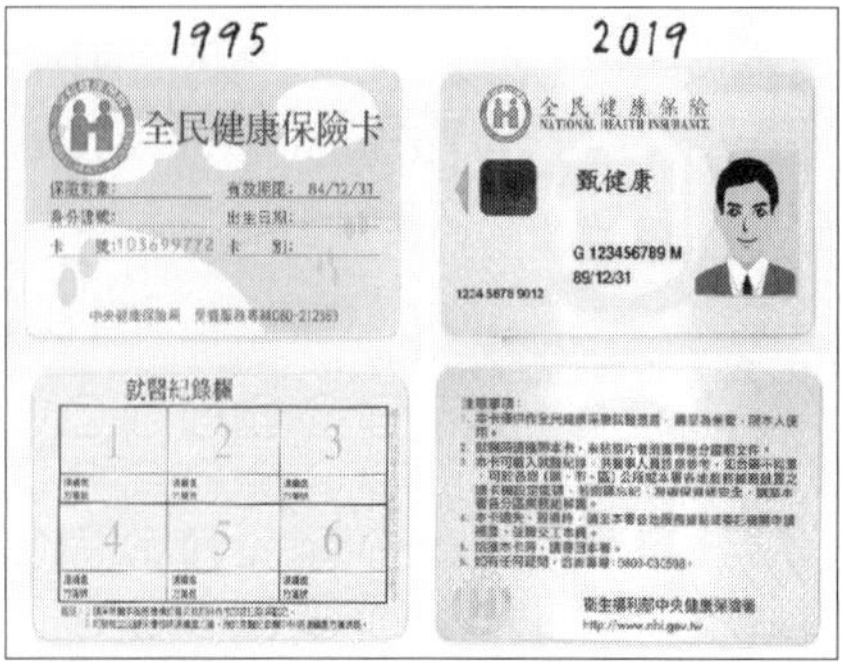

台湾の健康保険証。現在はIC対応している。
出典：中央健康保険署のFacebookページ

口罩供需資訊平台
健保藥局哪裡有？口罩數量剩多少？
歡迎您運用以下社群朋友開發的應用界面。
部分藥局因採發放號碼牌方式，方便民眾購買口罩，系統目前無法顯示已發送號碼牌數量。口罩數量以藥局實際存量為主，線上查詢之數量僅供參考，手機使用前請開啟定位服務。
即時口罩地圖
20%~50%
台中市
無庫存
請點擊圖片或標題連結至網頁
by GDG@好想工作室

オードリー率いる民間のシビックハッカーらが開発したマスクマップ。各薬局のマスク在庫がリアルタイムでわかる。マップの他にもLINEボットや各種AI音声アシスタントなど、130以上のアプリケーションに応用された。

立ったのだ。ただ、薬局にとってサージカルマスクの販売は本来の業務ではない。マスクを何枚販売するか、何時から販売するかなどは、薬局ごとに決められるよう柔軟性が持たされた。そうなると人々はどの薬局でマスクが買えるのかわからなくなるわけで、混乱が起きるのは明らかだった。

オードリーはこの状況下で見事な手腕を発揮し、実名販売実施の2月6日までに、シビックハッカーらと共に全台湾に6000ヵ所以上もある販売拠点におけるマスクの在庫が30秒ごとに自動更新される〈マスクマップ〉を開発。これにより、マスクを公平に行き渡らせようとする政府の姿勢が可視化され、いつどこで入手可能かの最新情報が示されたことが市民の安心感へと繋がり、パニックを免れた。

このマスクマップ開発に大きく貢献したのが、元となるマスクマップを開発した台南在住のシビックハッカーで、〈g0v〉にも参加しているハワード・ウー（呉展瑋《ウー・ヂァンウェイ》）だ。彼がボランティアで作ったマスクマップを〈g0v〉のSlack上で発表したのをオードリーが見つけて、彼や他のシビックハッカーらに政府のバージョンを作ろうと呼びかけたのだ。ハワードが作ったマスクマップの構造を利用して、そこに各薬局のマスク在庫を管理している中央健康保険署のデータベースが繋ぎ込まれた。

中央健康保険署ではもともと、あらゆる情報のオープンデータ化が進められていた。今回はそこにマスクの在庫データベースが加わっただけだったため、比較的スムーズに事が進んだが、そもそも政府側がオープンデータに慣れていなかったら、こんなに短期間での開発は実現しなかっただろう。こうして出来上がったマスクマップは、瞬く間にシビックハッカーらによりアプリなどに応用され、その利用者は1000万人を超えた。これは台湾の人口の約40％強に当たる。

2020年3月、NHKスペシャル『「パンデミック」との闘い～感染拡大は封じ込められるか～』では、台湾のこうした取り組みが紹介された。私は、マスク実名販売制度の実行部隊を担った中央健康保険署署長の李伯璋《リー・ボーチャン》のインタビューを担当することになった。しかし、このインタビュー自体は番組で使われなかったため、許可を得て私のブログ〈心跳台湾（www.yaephone.com）〉に内容を記載している。

中央健康保険署長の李伯璋と筆者。

台湾政府は同時に、サージカルマスクの生産ラインを増設することを決定。沈栄津《シェン・ロンチン》経済部長の素晴らしい陣頭指揮のもと、当初は1日188万枚だったところ、5月までに1日あたり2000万枚のマスク生産が可能な体制が整えられ、台湾は中国に次ぐ世界第2位のマスク生産国となった。

そしてマスク生産量の追い上げに呼応するかのように、

3月12日には、〈マスク販売実名制度2・0〉がリリース。仕事などの理由で平日に並んでマスクが購入できない人も、インターネット上であらかじめマスクを予約購入し、指定したコンビニで受け取ることができるようになった。これには待っていましたとばかりに予約注文が殺到し、中央健康保険署ではサーバーの増設を余儀なくされたほどだった。コンビニの端末に、予約番号と身分証の番号を入力すると、レシートが出てくる。それを持ってレジに行くと、予約していたマスクと交換してくれる。この時点で1回に予約購入できるのは14日分で、大人は9枚、子どもは10枚。この時に私が利用したセブンイレブンでは、コーヒーが半額で買えるというマスク受け取りの優待を用意していた。

その後も、1回に購入できるマスクの枚数が増やされたり、各所にマスクの自動販売機が登場するなど、日々目覚ましい進化を遂げていく。6月に入ってサージカルマスクの生産量及び備蓄量が十分に確保できたことから、マスクの実名制販売は継続しながら、国内での自由販売も開始。海外から発注の問い合わせも殺到しており、あとは輸出解禁を待つだけの状態だ。

李伯璋署長が説明に用いた、マスク実名制販売の実施時間軸を説明するパネル。

筆者が利用したセブンイレブンの端末。コーヒー半額の優待付き。

フェイクニュース対策

さて、感染拡大において、パニックに陥る要因の一つがフェイクニュースだ。特にインターネット上では一度広がり出すと、食い止めたり、完全に削除するのはかなり難しくなり、各国が手を焼いている。このフェイクニュース対策において、台湾は世界でもトップレベルで成功しているのだ。

オードリーはフェイクニュースのことを「フェイクインフォメーション」と呼ぶ。

「行政院では、フェイクインフォメーションのうち、『故意・危害・虚偽』の3つの条件が揃った場合にはすぐ対応することになっています。この3つが揃わない場合は、政府の干渉が報道の上に位置し、報道の自由を侵害することになりますから、介入しません」

これを是正するために、政府は各省庁にフェイクインフォメーションに対応する即時対策チーム（原名：即時澄清團隊）を設けている。オードリーはこのチームが設置されるにあたり「公開、スピード、構造化」の精神によって対応にあたることの必要性を閣僚らに向けて提言している。情報が確認されると、各省庁で対応に当たっているチームは60分以内にカウンターとして正しい情報を発信しなくてはならない。その文書には「2・2・2の原則」がある。見出しは20文字以内、写真・図版は2点、本文は200文字まで。わかりやすく絞り込んだ内容だ。

「さらに、文書にはユーモアがなくてはいけません。ユーモアは怒りと同じくらい拡散されやすく、かつ、怒りより共有する満足度が高いからです。このような文書を60分以内にまとめるためには高いスキルの人材が各省庁に5、6人は必要になってきます。ごくたまに、このチームの予算が高いと批判もありますが仕方のないことだと思っています」

実際に蘇貞昌行政院長のFacebookに投稿された画像。すでに6500回近くシェアされている。

この写真は、「7日以内にカラーとパーマをかけると罰金が課せられる」というフェイクインフォメーションが出回った際、実際に蘇貞昌《スー・チェンチャン》行政院長のFacebookページに投稿されたもの。「坊間謡言（民間の噂）」にある「七天内染髮燙髮會罰100萬（7日以内にカラーとパーマをかけると罰金100万元が課せられる）」を「假的！

（この情報はフェイク！）」と打ち消している。２枚の写真は、蘇氏の若かりし頃と現在のもの。若いときの写真には「確かに私は今髪の毛がないけれど、だからってそんな風に皆を罰したりはしない！」。現在の写真には「もっとも1週間以内にカラーとパーマをすると本当に髪が傷むから、私と同じような状態になってしまうよ」とあり、ユーモアたっぷりの内容だ。

そして、もう一つ日本でも有名になったのがこちらだ。私が２０２０年3月2日に放送されたテレビ朝日系の情報番組『ワイド！　スクランブル』の取材を受けた際に、「何かコロナ関係のフェイクニュース対策はありませんか？」と訊かれて提供した。

蘇貞昌行政院長のFacebookに投稿された画像。
こちらはすでに2万件以上シェアされている。

台湾では一時、ネット上で「マスクとトイレットペーパーの原料は同じだから、マスクの生産量が増えるとトイレットペーパーが高くなる。だから今のうちに買っておこう」というフェイクニュースが流れた。しかもこの噂を流したのは、パルプを扱う貿易会社の社員だった。

そこで蘇行政院長が出したのが、お尻を振る院長の後ろ姿とともに台湾語で「咱只有一個卡臣（私たちのお尻は一つだけ）」というキャッチコピーを配した投稿。「お尻は一つなのだから、買い占めしなくてもトイレットペーパーは足ります」という意味だ。「不要囤貨・勿信謠言〈買い占めしないで・フェイクニュースを信じるな〉」と、トイレットペーパーとサージカルマスクの原料とその産地を記載し、「口罩跟尿布，衛生棉使用的不織布不完全相同，國内也有工廠，產量大於需求〈マスクと紙おむつや生理用ナプキンは異なる不織布で作られているし、国内に工場があるので、需要を満たした供給ができます〉」と述べた上で最後に「刑法251条により、意図ある買い占めで生活必需品の価格を高めた者は、最高3年の懲役・30万元の罰金が課せられる」と警告している。

同番組でこの「お尻は一つだけ」のキャッチコピーが紹介された時、スタジオの出演者の皆さんはとても驚かれていた。「こんなユーモアが通じる土壌が台湾にはあるのですね」とのコメントもあったし、ネットでは「これを首相がやってしまうなんて、台湾すごいな！」といった声が後を絶たなかった。日本でこんなに反響があったということは台湾でも瞬く間にニュースになり、蘇行政院長には少し申し訳ないことをしてしまった。このコピーは実際にオードリーが考えたわけではないものの、フェイクニュース対策の立ち上げ時にアドバイスした内容が受け継がれ、コロナ禍でも十分に力を発揮していることがよくわかる。

詐欺メッセージ対策

台湾で新型コロナウイルスの感染が最も警戒されたのは2020年の2月から5月頃、わずかではあるが、まだ感染者が出ていた頃だった。そのほとんどが海外からの帰国者だったが、その時期には皆ができるだけ外出を控えていたし、人との接触を避けようとしていた。

その2月頃から劇的に増えていたのが、スマートフォンのショートメッセージサービス（SMS）を利用した、コロナ関連の詐欺メッセージだ。ここ数年、SMSはショッピングを含む様々なオンラインサービスで認証ツールとして使用されているため、詐欺集団がSMSでフィッシングリンクを撒き、クレジットカードなどの個人情報を盗むと同時に、ウイルスに感染させてさらに詐欺SMSを拡散するといった手口が増えてきていた。コロナ禍で、マスク実名制販売〈eMaskシステム〉が始まると、詐欺集団は「あなたの健康保険証がロックされました」「購入内容に誤りがあります」など何かと理由をつけては海外から国民に詐欺電話をかけ、折り返し電話を要求し、高額な電話料金を騙し取るなどした。次頁の図（上）を見ると、3月12日の〈eMaskシステム〉リリース直前に詐欺が急増し、3月13日に対策チームが稼働してから一旦落ち着いたものの、3月26日のマスク受け取り日にまた急増していることがわかる。

中央感染症指揮センター（日本の新型コロナウイルス対策本部に相当）と各大手メディア、番号識別・迷惑電話対策アプリの〈Whoscall（フーズコール）〉は、コラボレーションを行い「〈eMaskシステム〉はあなたに電話をかけることはありません」というプロモーションを実施。詐欺は大幅に減少した。

だがそれ以降も詐欺集団は手を変え品を変えて詐欺行為を続けており、関係者は対策に追われていた。オードリーも、行政院側のマスク実名制販売〈eMaskシステム〉担当者としてこのプロジェクトに関わっている。

当時、政府は〈eMaskシステム〉においてもSMSを通知

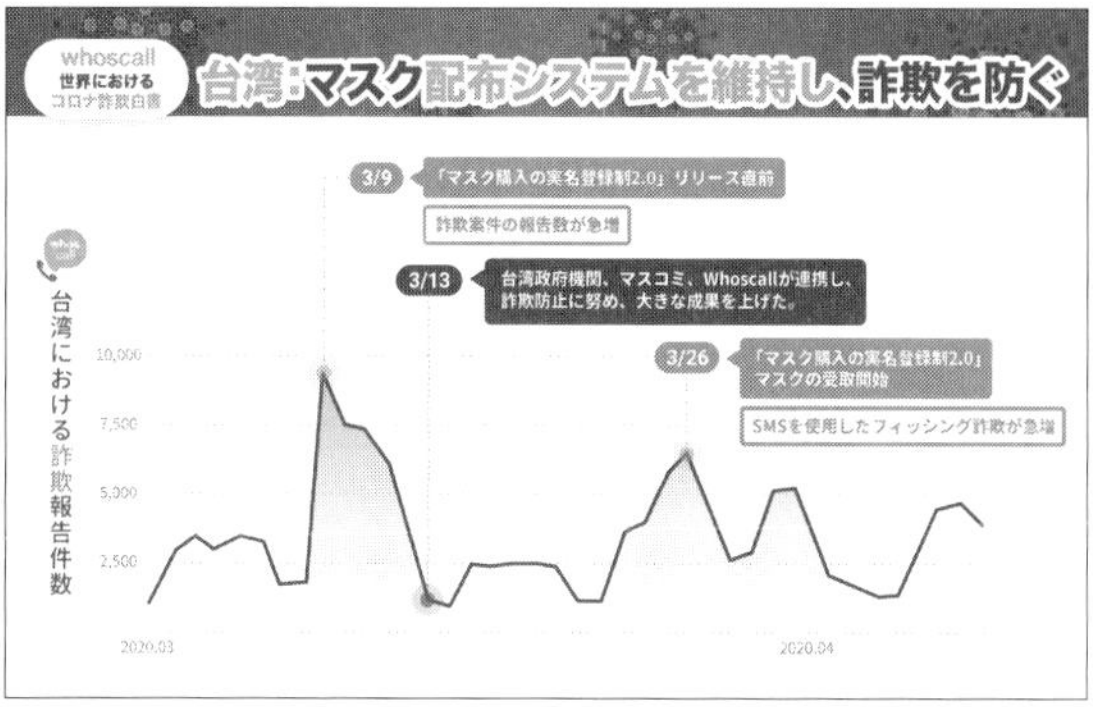

whoscall
世界における
コロナ詐欺白書
台湾：マスク配布システムを維持し、詐欺を防ぐ
3/9
「マスク購入の実名登録制2.0」リリース直前
詐欺案件の報告数が急増
3/13
台湾政府機関、マスコミ、Whoscallが連携し、詐欺防止に努め、大きな成果を上げた。
3/26
「マスク購入の実名登録制2.0」マスクの受取開始
SMSを使用したフィッシング詐欺が急増
台湾における詐欺報告件数
10,000
7,500
5,000
2,500
2020.03
2020.04

台湾における詐欺報告件数の推移。提供：〈Whoscall〉

77%
18:08
eMask 口罩簡訊專用
(政府不會打給你)
+886 2 2181
whoscall 此資訊來自社群回報
往上滑動接聽
往下滑動掛斷

ユーザーのスマートフォンに「政府があなたに電話をかけることはありません」というメッセージが表示される。提供：〈Whoscall〉

に使用していた。だが、電話会社が他の企業と似通ったSMS送信用の番号を使っていたことが原因で、多くのSMS詐欺の発生を引き起こした。番号識別・迷惑電話対策アプリの〈Whoscall〉は、台湾では平均およそ二人に一人がインストールしているほど普及しており、この対策に大きく貢献した。

〈Whoscall〉はまず、政府に送信用の固定番号を取得してもらい、その番号を自社の不正防止データベースに登録。この番号から電話がかけられる際には「〈eMask〉マスクメッセージ専用（政府はあなたに電話をかけることはありません）」というメッセージがアプリをインストールしているユーザーに表示されるようにした（前頁写真参照）。これが詐欺電話であることが一目瞭然になったというわけだ。

尚、オードリーのアドバイスのもと、中央感染症指揮センターでは9月の段階でこのマスク受け取り通知用の電話番号を「1919」に統一。この問題はすでに落ち着いている。

振興三倍券の発行

新型コロナウイルスの抑え込みに成功した台湾では、経済的ダメージを早期回復するため、2020年7月から振興三倍券というチケットを発行し始めた。

国民は一人あたり1000元(約4000円)の負担で、3000元(約12000円)の消費ができるチケットを購入できる。使用期限は2020年末までとした。紙のチケットの他、クレジットカードやモバイル決済、ICカードでの受け取りも可能だ。この政策は国家発展委員会の龔明鑫《ゴン・ミンシン》主任委員が構想したもので、オードリーはオフィスのメンバーとともに、郵便局など異なる機関のシステムへの繋ぎ込みといったデジタル領域での実装に参加している。

この政策は大きな話題となり、消費者の多くが振興三倍券の使い道を考え、大企業から街の小さな商店までが様々な優待を打ち出した。私も入手したチケットを使い、夏休みに日本に帰省できない代わりにと家族で台北市内の五つ星ホテルに宿泊した。

世界各地の感染状況が落ち着かないため、台湾では、この原稿を書いている2020年末現在も海外からの旅行客を受け入れておらず、国外への旅行もできない状況にあり、旅行業者は苦境に立たされている。そんな旅行業界を救済すべく、振興三倍券以外にも国内旅行向けに一人1泊あたり

実際に私がホテル宿泊で使用した振興三倍券。

1000元（約4000円）の宿泊補助も開始した。離島や大自然が美しい東部などはすでに予約がしづらい状況で、国内の観光地は、ちょっとした特需のようになっている。海外からの観光客が入ってこられなかったり、予定されていたイベントが次々にキャンセルになったりと、台湾も諸外国と同様に経済的な打撃は大きいが、それでも2020年のGDP成長率は2.54%。マイナスに転じていない。

開かれた政府、誰も置き去りにしない社会

コロナ禍の台湾では、実に様々なポジションで献身的に対応に当たる政府要人の姿が見られた。代表的なのが、新型コロナウイルス対策の指揮官に任命された衛生福利大臣（日本の厚生労働大臣に相当）の陳時中《チェン・シィヂョン》だ。2020年1月21日から市中感染ゼロを連続56日間達成した6月7日まで、140日間無休で定例・臨時を含めて累計164回の記者会見を行った。質問が出尽くすまで時間無制限で

答え続ける姿勢が国民から絶大な信頼を得て、あるＮＰＯの調査によれば、「鉄人大臣」とも呼ばれる同氏の最高支持率は94％にも達した。

ある日の記者会見で「学校でからかわれるからと、息子がピンク色のマスクを着けたがらない」という保護者の声が記者から紹介された。それを受け、陳大臣をはじめとする男性幹部陣は、４月13日の記者会見に、ピンク色のマスクを着用して登場。陳大臣は「ピンク色もけっこういいですよ」とコメントした。これを受けて、台湾では政府機関から企業、著名人、一般人までがこぞって自らのＳＮＳ上のロゴをピンク色に変え、「＃ColorHasNoGender」「＃顏色不分性別（色は性別を分けない）」のハッシュタグと共に、ピンクの装いなどを投稿する動きが大流行。ピンクは、２０２０年に台湾で最もかっこいい色となった。

国連開発計画（ＵＮＤＰ）が発表した２０１８年のジェンダー不平等指数をもとに台湾が計算を行ったところ、台湾はジェンダー平等の度合がアジア1位という結果もある。「誰も置き去りにしない社会」は、オードリー一人が目指しているものではないということが、ここにも垣間見える。

記者会見にピンクのマスクを着用して現れた中央感染症指揮センターのメンバー。中央が陳時中大臣。出典：衛生福利部疾病管制署YouTubeライブ映像

様々な公的機関、企業や施設、法人などが「#ColorHasNoGender」のハッシュタグのもと、自らのロゴをピンク色に変えてFacebookやインスタグラムなどに投稿。画像は上段左から時計回りに、教育部、台北市立動物園、台湾最大のビールブランド・台灣ビール、衛生福利部、現代アートミュージアムの台北当代芸術館、地下鉄会社の台北捷運の各アカウントから。

生活者目線で考える、コロナ抑え込み成功の理由

1歳と8歳、二人の幼い子どもを抱えながらコロナ禍を台湾で過ごした私は、政府の防疫対策が目まぐるしいスピードで日々前進して行くのを目撃していた。日本メディアの取材もたくさん受けたが、その都度、紹介できる状況が変わっていく。実名制販売が始まった当初は1週間に2枚しか買えなかったマスクも、少しの間辛抱すれば購入できる枚数が増えたし、行列しないと買えなかったのが、あっという間にインターネット上でも買えるようになった。経済的な打撃を受けた人々への補助も、ダメージが深刻な業界順に整えられていった。

次頁の写真は、私が撮った近所の薬局の張り紙である。左の写真は2020年3月頃のもので「うちにはマスクもアルコール消毒液もありません。字が読めない方だけ入って来てください。毎日訊かれてもう嫌になっちゃう」と書いてある。それが4月になると、右の写真のように「サージカルマスク、まさかの！　まだあります！　まさかの！　まだあります！　早く買いにおいで！」と更新されていた。

長男が通う現地の小学校も、春節が終わった2月11日から新学期が始まる予定だったのが、高校以下の幼稚園・学校は始業日が2週間延期された。その間、保護者は自宅で子どもを見なければな

薬局の貼り紙。左が2020年3月、右が4月のもの。

らなかったが、政府はこの新学期延期の発表と同時に「12歳以下の子を持つ保護者が子どもの面倒を見るための休暇」を会社に対して申請できる制度を作ったことを示した。会社はその休暇を申請されたら拒否することはできず、またその休暇を理由にした解雇は違法であり、皆勤賞などに影響してはならないとした。休校と、その影響に対する対策をセットにした形だ。不便は不便だったが、春節と言えば、台湾国内だけでなく世界中にいる台湾人が台湾に戻ってきて、家族や親戚と過ごす1年で最も大きなイベントだ。潜伏期間が長い新型コロナウイルスに合わせて、始業日を14日間延期するというのは合理的な判断だと思えた。

新学期の開始が遅れた分の2週間は、夏休み期間を短くして調整されたため、子どもたちは自宅でまるで休暇中のように過ごし、日本のように保護者が教師の代わりに自宅で勉強を教えるような必要は無かった。1歳の次男は、政府が用意したシッター制度を利用してシッターの自宅に預けているが、いつも通り問題なく預けることができた。政府の各機関が専門家の監修による最新情報を日々発信してくれるので、皆が同じ方向を見て防疫生活を過ごせていた。その頃、日本に住む家族や友人らは「ニュースを見ると、WHOがマスクはコロナに効果が無いと言っている」と漏らしていた。何を信じたらいいのかわからず、空中分解しているように私には見えた。

コロナ禍の台湾では、政府も国民も、医療の現場など最前線で奮闘している人々を「無名英雄（名もなきヒーロー）」という言葉で讃えた。このコロナ禍でも人々が恐怖とパニックに陥らず、心の中に思いやりを発揮できる余裕があったことこそが、防疫成功の礎となったように思う。

#TaiwanCanHelp

本項の冒頭で、台湾が未だWHOに加盟を認められていないことに触れた。台湾の今回の防疫の成功の裏には、2003年に流行した新型肺炎SARSで346名の感染者と、73名の死者を出した苦い過去がある。当時、台北市政府によって、感染者が出た台北市立和平病院が突如100時間あまり閉鎖され、病院内にいた人々が閉じ込められて院内感染恐怖のパニックに陥った。このことは、台湾人の記憶にしっかりと焼き付いている。

そんな中、WHOに加盟していないため国内の情報だけを頼りに孤軍奮闘し、衛生福利部の部長として感染拡大を食い止めた陳建仁《チェン・ヂエンレン》こそ、コロナ禍で副総統として対策に当たったその人だ（現在は退任）。彼らはSARSの経験を糧に、ずっと防疫対策を強化してきた。SARSを経験した台湾人なら誰しも、感染症が国に与える打撃がどれだけ大きいかをよく理解しているのだ。

コロナ抑え込みの成功体験を聞かせてほしいと言われると、オードリーはいつも「fast（速さ）」「fair（公平さ）」「fun（楽しさ）」という、3つの「f」がその要因であると話す。陣頭指揮を取る政府がまずは速やかに対応し、情報の通達や政策は公平に、ユーモアを持って行う、という意味だ。

「この3つの『f』について海外に向けて講演すると、『経済の発展と公共衛生は、どちらかを取捨選択しなければならないのだと思っていた』という反応が多いんです。けれど台湾は違いました。自由でありながら、皆が健康で、今年（2020年）のGDPは成長しています。ロックダウンしなくても防疫はできるのです。報道の自由を制限しなくても、ユーモアをもってフェイクインフォメーションを抑えることができるのと同じです」

オードリーは、海外メディアからの取材に応えるだけでなく、自らのTwitterでも情報を発信し続ける。蔡英文総統も同様に、公式SNSで〈#TaiwanCanHelp〉を発信している。

なぜこのようなことを行うのか？　これは、国連やWHOなどの国際的な連盟に加盟させてもらえない台湾が、こんなに実力があり、世界の役に立てるということをアピールしているのだ。そのスローガンは〈#TaiwanCanHelp〉。オードリーの名刺にも刻まれている。台湾は今回、日本や世界各国に大量のマスクや医療物資を寄付している。正式な国交の無い日本へも、4月に200万枚のサージカルマスクが寄贈された。

Audrey Tang 唐鳳 @audreyt 4月21日
#Taiwan is combating #Coronavirus & managing the #COVID19 pandemic.
Digital Social Innovation is key!
It's fast, open, fair & fun.
Most importantly, it needs #AllHandsOnDeck.
Take 5 with me & get up to speed.
Visit TaiwanCanHelp.us & learn much more.
taiwancanhelp.usに移動
SOCIAL INNOVATION
FAST.
COLLECTIVE INTELLIGENCE
10.3万 件の表示
0:17 / 5:55
122
2,227
5,994
オードリーはSNSを自ら操作している。

また、国連が2020年を「看護師と助産師の年」と定めたことにちなんで、4月27日よりマスク賛同人道援助（原名：口罩響應人道援助）を開始。国民は健康保険のアプリを通じ、自分が購入した分のマスクを受け取らずに海外へ寄贈することを選択できる。

このハッシュタグ〈#TaiwanCanHelp〉では、

現在でも様々な情報が発信されており、政府側だけでなく、国民にも広く支持されている。特に話題になったのが、ニューヨーク・タイムズ紙に掲載された意見広告だ。ＷＨＯのテドロス事務局長が２０２０年４月８日の記者会見で、「台湾から人種差別的な中傷を受けた」と主張したことを受け、４月14日の同紙に台湾の有志による意見広告が掲載されたのだ。このためにクラウドファンディングで２万６９８０人から調達された資金は計１９５１万元、日本円で７０００万円以上にものぼる。

蔡英文総統のTwitter投稿。#TaiwanCanHelpの文字が見える。

「看護師と助産師の年」特設サイトでは、マスクを海外へ寄付した人やマスクの枚数が更新されている。2020年 11 月2日現在で賛同者は 74 万人近く、寄付枚数は678万枚以上。

２０１４年の〈ひまわり学生運動〉の際も同紙に意見広告を出稿した林祖儀《リン・ズーイー》が発起人となり、複数の有識者らで討論を重ね、支援者らによる投票を経て図案のコンセプトが決まった。最終的なグラフィックは、台湾を代表するデザイナーの聶永真《ニエ・ヨンジェン》（アーロン・ニエ）が担当。広告の左上には〈WHO can help?〉という一文が。ＷＨＯのロゴカラーの青色を使い、疑問詞の〈ＷＨＯ〉と、機関名とを掛けることで「誰」が本当に世界を助けられるのか？ を問うている。アーロンはその背景を私の取材で

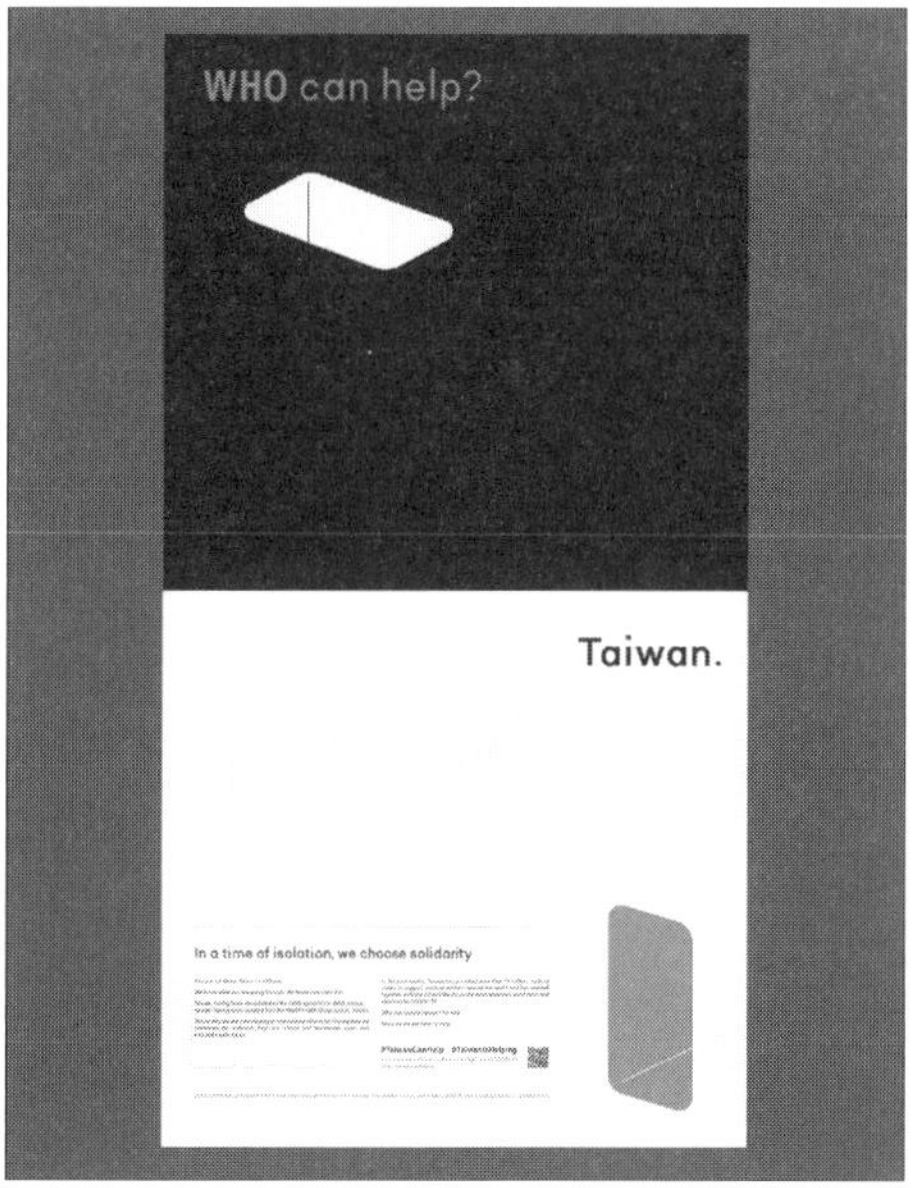

ニューヨーク・タイムズ紙に掲載された広告。WHO can help? Taiwan.のコピーに対応した、穴と出口のグラフィックが印象的。二次創作が認められており、台湾ではあらゆる企業や個人に利用されている。
画像提供：アーロン・ニエ

オードリーの名刺、左が表で右が裏面。肩書きの欄には「デジタル担当大臣」と記されている。

こう語った。

「台湾への不当な非難に反対しようと立ち上がったプロジェクトだったが、方向性を話し合ううちに、反論だけでは焦点が小さすぎるという結論に至った。私たちが訴えたいのは、たとえWHOから不当に排除され、孤立しているとしても、台湾は世界の役に立てる実力を備えているということ。このコンセプトに沿って、グラフィックでは台湾が世界規模で広まる災厄からの出口になれることを表現した」

広告の下部には英文で「孤立の時に我々は連帯を選ぶ」というコピーが添えられている。これは、世界中でいじめや蔑視・冷遇などを受け、不当に孤立させられてきた人々に対し、連帯して立ち向かうという意思表示。「台湾に敵はいない、いるのは友人だけだ」というのが台湾の姿勢なのだ。

初めてオードリーに会った時に聞いた、彼女の言葉が思い出される。

「私は名刺に、デジタル担当大臣とだけ記載しています。これは台湾政府のために働く人間ではなく、台湾政府と共に仕事をする人間である、〈Not for TAIWAN , with TAIWAN〉という私の姿勢を示しているのです」

Interview3

マスクマップを開発した 台南在住のシビックハッカー

ハワード・ウー

呉展瑋（Howard Wu）
1985年台南生まれのソフトウェアエンジニア。台南でIT人材のためのコワーキングスペースを備えたソフトウェア開発会社〈好想工作室〉を経営。2020年2月のコロナ禍で、一晩徹夜して開発したマスクマップがオードリーの目に留まったことがきっかけで政府に採用され、マスク不足のパニックから国民を救った。

ドキュメント！　マスクマップはこうして生まれた。

2020年2月2日

深夜0時 - 翌朝8時頃　ハワードが「コンビニマスクマップ」を開発。

朝10時　「コンビニマスクマップ」リリース。

午後1時　ハワードが帰宅して見てみると、Googleから2000ドル（約21万円）の請求が来ていた。びっくりしたが、まだ払える金額だと思ってそのままに。

午後5時　Googleからの請求が2万ドル（約210万円）に。急いでサイトを閉じ、夜中にコードを修正。

2月3日

朝10時　再びサイトを公開。

夜9時　政府がマスクを買い上げ、実名制のもとで販売することを発表。これによりコンビニでのマスク販売がなくなったため、サイトをクローズ。

夜9時半　オードリーが〈g0v〉のSlack上でハワードと協力者の江明宗をタグ付けし、皆で〈Google Maps API〉の記述をしようと提言。

2月5日

深夜　シビックハッカーらに、データの格式が伝えらえる。

4月30日

朝10時　政府と民間のコラボにより、マスクマップ正式リリース。

国内のマスク生産量が大幅に向上、十分に供給したため、サイトはクローズ。

友人や家族のために作った初代マスクマップ。
思いもよらぬユーザーの爆発的増加で
Googleからの課金費用は600万円以上に。

僕が作ったマスクマップはバージョン1で、まだ政府がマスク買い上げを発表する前に作ったもの。〈Google Maps API〉を利用してコンビニの位置情報を表示して、そこに実際に行ったユーザーたちが、マスクの在庫がどれくらいあったかを報告できるようにしたんだ。

ただ、このマップの作り方だと、ユーザーが地図を読み込む度に開発者に請求される費用が発生してしまうんだ。ユーザーが「このコンビニにマスクは無い、じゃあその近くはどうだろう」って地図を動かす度に、約1台湾ドル（約4円）の費用が発生する。開発した時には周りの友人や家族が使えばいいなと思っていたんだけど、結果的に2日分でGoogleからの請求額は6万ドル（約628万円）。こんなにたくさんの人に使われるとは思わなかった。

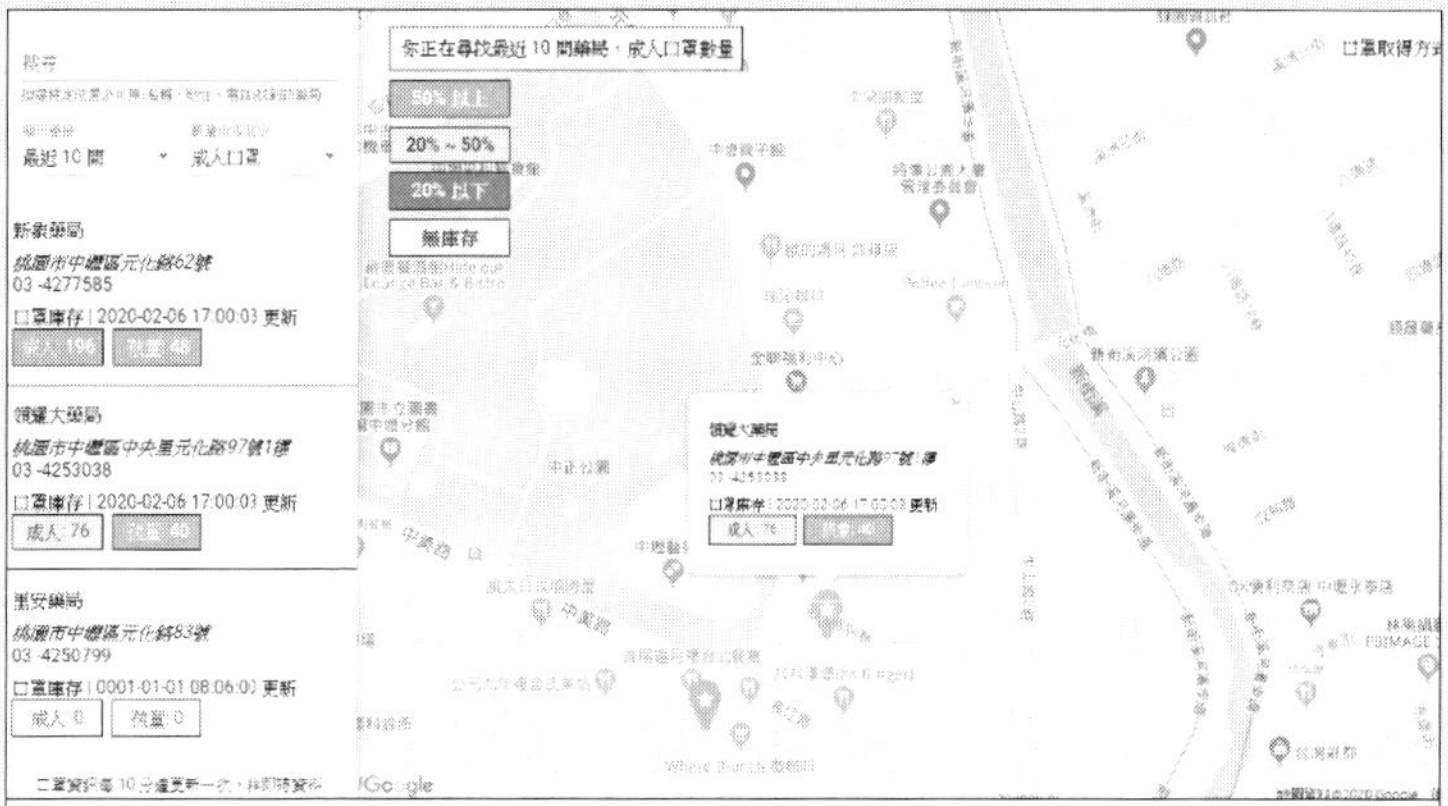

ハワードが開発した初期マスクマップ。マスクの在庫が十分にある場合は緑色、少ないと黄色や赤色のラベルが表示される。　画像提供：ハワード・ウー

後になって、Googleがコロナ対策のためのプロジェクトには無料でAPIを提供してくれるようになったから、大部分が免除されて助かったよ。自腹で払ったのは2万元（約8万円）くらいかな。でもこの件でたくさんの良い出会いがあったから、それを考えたら安いものさ。

偉大なことをしようとは思っていない。自分が使いたいものを作るだけ。

僕がマスクマップを作ったきっかけは二つあって、一つはコンビニでマスクを買い占めている人たちを見かけたり、周囲の皆がマスクの在庫について話していたこと。僕自身は幼い娘がいるから、家にマスクのストックがあったんだけど、世間はちょっとしたパニック状態だった。

そしてもう一つは、バージョン2を作る前の話だけど、ネット上で知らない人と言い合いをしたことなんだよね（笑）。

相手は「政府がマスクを買い上げるという対策はひどい。限られた場所で、一人当たり一回に数枚しか買えず、何日間も同じマスクを着けるなんて不潔だ」と憤っていた。でも僕は、マスクが足りないんだから仕方ないと思ったんだ。買い占めが起こるほうがよっぽど好ましくない。だから僕はその人に「ちゃんとマスクを買えている人がいる」ということを見せたいと思った。僕らエンジニアは、手を動かして論点の証明をしたくなる性分なんだよ。

それに台湾では、「自分が必要だと思ったもので、他の人にも使ってもらえるのならどうぞ」っていう気持ちがある人が多いよね。日本もきっとそうなんじゃないかな? 自分や身の回りの人が何か困難に遭ったら、もしかしたら他の人もそうなるかもしれないって思うだけ。

だから僕も、特に何か偉大なことをしようとかいった考えはないよ。そんな先のことまで考えず、自分が作りたいものを作ればいい、少なくとも自分一人が使えれば、それで十分。

オードリーとの会話は常に公開の場所で。

オードリーのことはもちろん知っていたけど、初めてコンタクトを取ったのはマスクマップのことではなかったんだ。僕はGoogleの技術を扱うエンジニアが集うコミュニティを主宰している関係で、Googleから「検索トップページにコロナ対策コンテンツを設置したい」という相談を受けて、それなら政府単位でやっ

実際にSlack上で交わされた会話。画像提供：ハワード・ウー

たほうが良いと思ったから、彼女に連絡したんだ。

そこからマスクマップの話にも発展して、皆で一緒にやることになった。でも彼女は「透明性」を非常に重視している人だから、個別のメッセージではなく公開の場でやりとりしたよ。

僕のマスクマップのコンセプトを元に、政府バージョンを一から作り直す形で完成したのが、バージョン2。およそ6000軒の薬局のマスク在庫がリアルタイムで更新される、あのマスクマップだよ。それが1000人以上のエンジニアによって、LINEボットやテレグラム、SiriやGoogleアシスタントなど、僕が知るだけでも130個のアプリケーションに応用されていったんだ。

メディアで報道されるオードリーと、自分たちエンジニアが知っている彼女は少し違うかもしれない。徹底した透明性と、オープンマインドを持った人。

オードリーは本当に賢い人で、知識の範囲が広い。そして反応がものすごく速い。僕たちのコミュニティでは、すべてのエンジニアから尊敬されているよ。技術がすごいのかって？　エンジニアって得意な技術の方面がそれぞれだから、技術単独で比べたりはしないんだ。オードリーがすごいのは、見識が広くて実行力があること。実行するための方法も知っているし、コネクションも持っているからね。

僕は、今回のコロナ禍でオードリーが果たしてくれた重要な役割は、政府にデータの使い方をコンサルティングしてくれたことだと思っている。データ活用の先進性が民間ほど重視されない公務員組織の中で、複数の部署を跨ぎながらスピーディに物事を進めていかなければならない時、全体のソリューションを練り上げられる人物なんて、そういないでしょう。

のちのインタビューで彼女は「自分はパイプ役をしただけで、マスクマップはシビックハッカーたちが作った」と答えているみたいだけど、僕からしたら、彼女がいなかったら政府はマスクの在庫情報をここまで活用しきれなかったと思うよ。一般の役人だったら、一つの開発会社に依頼するだけでしょう。彼女みたいにオープンソースにして1000人のハッカーたちと一緒にやろう、なんてことにはならない。

メディアが「天才」だとかいう報道ばかりするから、もしかしたら彼女のことを神秘的だと思う人も多いのかもしれないけど、僕らシビックハッカーからすれば、彼女はとてもオープンで、時間があればすぐに返事をくれる身近な存在だよ。マスクマップのことがあって、僕もよくオードリーにコネがあるんじゃないかと思われるんだけど、彼女に登壇や取材を申し込むのに、そんなものは必要ないんだ。時間と目的さえ合えば応えてくれると、僕は思うよ。

オードリーのような人物がデジタル担当大臣というポジションについていることは、これまでの台湾でよくあることだったわけではないんだ。まさに「天時、地利、人和(天の時、地の利、人の和、すべてが揃ったという意味)」だと思う。

今回のコロナ禍で、政府の人たちもさらに「開かれた政府ってそんなに怖いものじゃない」という経験が得られたらいいよね。それに彼女に注目が集まり、オーソリティが高まったことで、これからますます彼女が推進しようとしていることが前に進んでいくと信じているよ。

たくさんのエンジニアを育て、交流して、古都・台南を世界中のIT人材が集う拠点にしたい。

マスクマップのことでメディアがたくさん取材に来てくれたけど、僕自身はあまり気にしていないんだ。

新型コロナウイルス感染の抑え込みは、マスクマップだけじゃなくて皆で守り抜いたものだから。でも僕たちのことを知ってくれる人が増えて、たくさんの出会いがあったのは嬉しいことだった。

〈g0v〉も2019年の12月にはSlack（チャットルーム）のメンバーが5000人くらいだったのが、今は8000人くらいになっている。「自分も何かしたい」という情熱を持った人たちがどんどん集まっているんだ。僕もメディアの取材を受けたら必ず〈g0v〉を紹介するようにしているよ。

〈g0v〉には以前から加わっていたけれど、彼らの活動やイベントは台北で行われることが多くて、時間やお金をかけて参加するのはなかなか難しかった。でも今度、2020年12月に開催される〈g0vサミット〉が初めて台南で開かれることになって、最高に嬉しい。全力でサポートするし、今も皆で一緒に準備しているところだよ。

僕たちのコワーキングスペースはちょっと独特で、半分は入居しているエンジニアの席だけど、残り半分はエンジニア志望者に開放しているんだ。エンジニア志望者は「半年間、平日は毎日ここに来て勉強する」という条件を満たしさえすれば、無料で技術を教えてもらえる。と言っても、特にカリキュラムは無く、志望者は自主的にプログラムを書く。ここは素晴らしい環境で、インターネットや冷房などの設備が整っていて、ここにいるエンジニアたちに相談したり交流したりできるし、本棚には専門書籍もたくさん揃っている。

台湾のエンジニア人口は確かに多いけど、本当に能力を発揮できるエンジニアは台湾だけじゃなく、世界中どこだって足りていないと思う。日本はハイレベルなＩＴ人材が足りていないのかもしれないけど、台湾

ハワードは、Googleの技術を扱うエンジニアが集うコミュニティ〈GDG（Google Developers Groups）〉を台南で主宰している。画像提供：ハワード・ウー

は逆で、一般的なエンジニアが足りていない。

こうしてたくさんのエンジニアを育てて交流拠点にすることで、台南を世界中のＩＴ人材が集まる場所にするのが僕の夢なんだ。

今、オフィスに僕の席はないよ。1歳2ヵ月の娘がいて、妻が外の会社で働いているから、時間を比較的自由に使える僕が自宅で面倒を見ながら仕事している。僕みたいな自営業のエンジニアにとって、子どもを作るというのはそれなりに覚悟がいることなんだ。子連れでコワーキングスペースに来るのは難しいからね。だから次の目標は、子連れが集まることのできるコワーキングスペースを作ること。もう場所の目処もついているよ。

2020年9月「好想工作室」にて取材

第4章 小唐鳳（小さなオードリー・タン）を心に宿そう

在每個人心中埋下「小唐鳳」

1 「ハクティビスト」になろう

心の中に小さなオードリー・タンを宿すために最も大切なことは、月並みだが「心の持ちよう」なのではないかと、私は思っている。そしてそれは、ジャクリーン前大臣が「自分は大臣からハッカーになった」と言っていたように、オープンソース・コミュニティにおける「ハッカー精神」ではないだろうか。たとえプログラムが書けなくてもハッカー精神を持つことができるのだと私が思ったのは、「ハクティビスト」という概念を知った時のことだった。

クリック&シェアを卒業する

次頁の図にあるロードマップは、オードリーが過去に〈g0v〉について紹介した資料の中で用いられていたものだ。左下の「クリックティビズム（Clicktivism）」から、右上の「ハクティビズム（Hacktivism）」に至るまで、次のような成長段階が示されている。

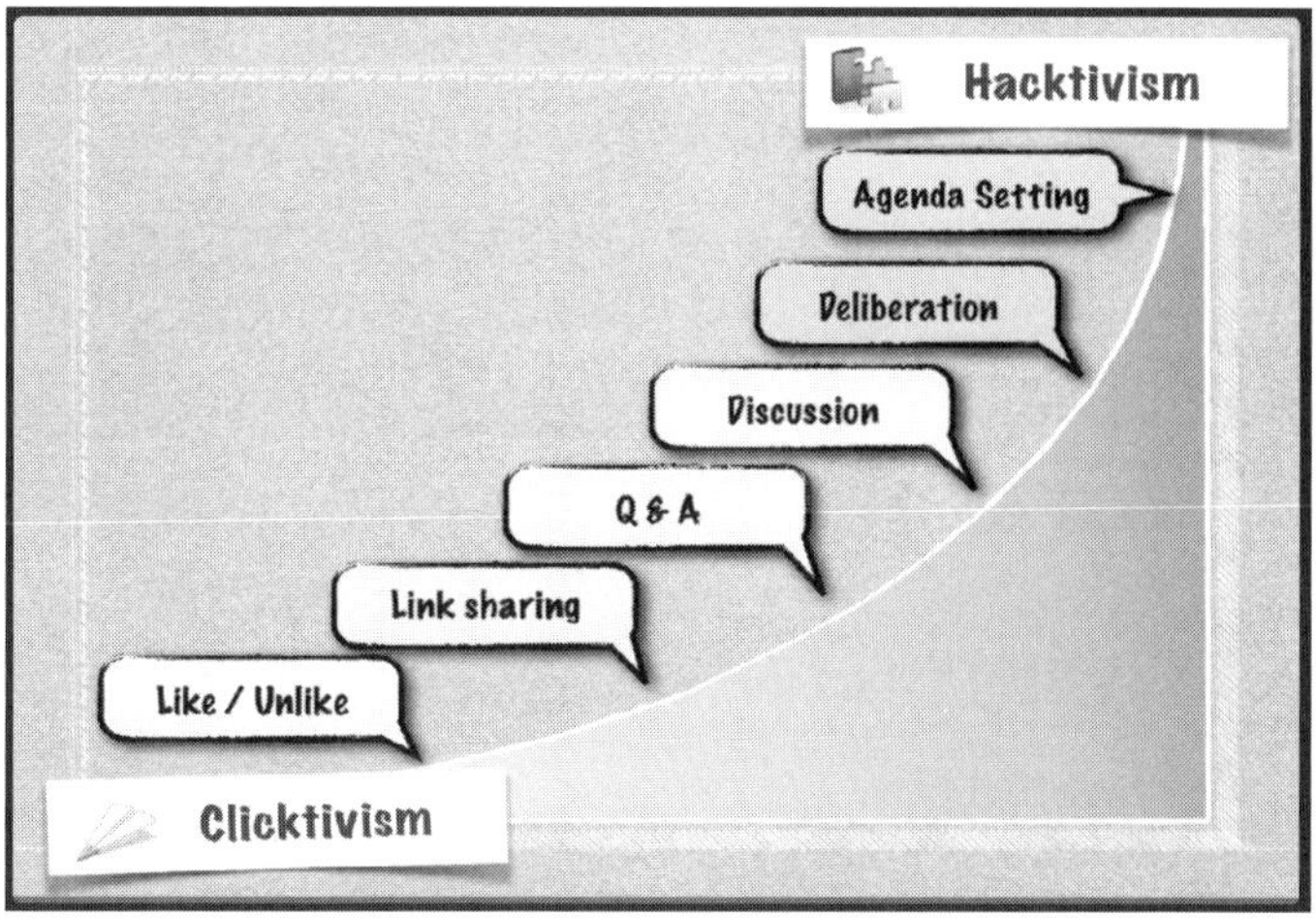

出典：「g0v à le gouvernement　Presentation at CNRS.fr and Paris.fr on September 9. by唐鳳」

1・SNSでLike/Unlikeを押す
2・リンクをシェアする
3・質問したり答えたりする
4・討論する
5・審議する
6・議題を設定する

「クリックティビズム」とは、インターネットで「いいね！」を押したり、クリックやシェアをしたりするといった行動を取ること。一見主体的であるように見えるものの、人の行動に反応している受動的な行為に過ぎないとも言える。

一方の「ハクティビズム」は、「ハック（Hack 質や生産効率を上げるための工夫）」と、「アクティヴィズム（Activism 社会的な改革を促す行動）」とを掛け合わせて作られた造語で、自ら主体的な行動を取っているかどうかが問われる。

この図では、受け身の「クリックティビズム」から、疑問を組み立てて質問する力や、議論・討論を重ね、熟考できるようになり、自分で議題を提議できるようになる過程を経て、社会のために実際に自ら行動する「ハクティビズム」が実現できるようになっていくという概念が表現されている。

シビックハッカーらの間では、このような概念のもとに新たな文化が形成されていく。

私はエンジニアではないが、この概念を頭の片隅に置いて日々を過ごすことで、自分がきちんと頭で考え、行動できているのかを内省することができるようになった。コロナ禍のような厄災はもちろん、日常の生活でも、自分の思考や行動に変化を感じられている。

新しいアイディアを皆で実行する

自分はプログラマーではないので、どうやったらハクティビストになれるのかわからなかったと私が言うと、オードリーは「**このスライド資料にはコードが一つも書かれていませんよ！　コードはまったく関係ないです**」と軽い笑みを浮かべながら答えた。

「新たにアイディアが浮かんだ時、皆と一緒に行動に移しさえすれば、その人はハクティビストです。2007年にクリス・メッシーナという人が、Twitterを使っている時に皆が一つのイベントに参加できる方法を考えました。そのイベントは〈バーキャンプ（BarCamp）〉と呼ばれていて、イベント名の前に＃を加えると、イベントの参加者はお互いに連絡が取れるというものです。今はこれを、ハッシュタグといいますね。当時は、Twitterにまだこの機能が無く、今のようにハッシュタグをクリックすることもできなかったのです。クリスが新しい利用法を作ったという形ですね。

その後、サンディエゴで火災が起きた際、その状況を知ろうとしたユーザーの誰もがハッシュタグの使い方を学んだことから、TwitterもFacebookも、ハッシュタグ機能を使えるようにせざるを得なくなりました。私たちがこの火災の話題を共有したいと思った時、インターネット上のプラットフォームがそれを簡単にさせてくれるようになりました。クリスは自らプログラムを書くことをせず、サービス提供者側にプログラムの変更を行わせ、誰もがハッシュタグを使えるようにしてしまったのです。これこそ私がハクティビストの最上位に定義した『議題の設定』ですね。

わかりやすい例で言えば、2014年の〈ALSアイス・バケツ・チャレンジ〉というのもありますよ。バケツに入れた氷水を頭からかぶっている動画を自撮りして、次の人を指名します。氷水をかぶらないのであれば、募金するというものです。これによってALSという病気がたくさんの人に知られるようになりました」

自分が普段何気なく取っている行動が「クリックティビズム」なのか、それとも「ハクティビズム」なのか。「ハクティビズム」なのであれば、どの段階なのか。そんなことを意識するだけでも、心の中に小さなオードリー・タンを宿すことができるような気がしている。

2
ソーシャル・イノベーションと、それを理解するためのおすすめ本5冊

オードリーが推進しているソーシャル・イノベーション。その始まりは、バングラディシュの経済学者であるムハマド・ユヌスが始めた「マイクロファイナンス」だと言われている。バングラデシュが大飢饉に見舞われ、多くの人が亡くなった1974年。ユヌスは、食糧は有り余っているのに金銭的な理由で食べ物を買えず、人々が餓死していくのを目の当たりにした。優れた経済理論もその現実の前では無力だったが、彼は行動した。27ドルという微少な金額を低利・無担保で融資する「マイクロ・クレジット」を行う〈グラミン銀行〉を1983年に創立。貧困による飢えから多くの人々を救い、自立を支援した。この功績により、2006年にノーベル平和賞を受賞している。

ソーシャル・イノベーションがなぜ今の時代に必要か

オードリーは、大臣としての自分のミッションの一つにソーシャル・イノベーションを掲げ、多く

の時間をそこに費やしている。デジタル担当大臣であれば、デジタル・トランスフォーメーション（DX）など、デジタルの普及や浸透といった方向に目標設定がされてもおかしくないと思うが、なぜ今の台湾にソーシャル・イノベーションが必要なのか訊いてみた。

「環境や社会問題について取り組もうとする場合、まずは団体などを作って解決しようとしますよね。けれど、多くの大企業や大学なども同じようにそれらの問題を解決しようとしています。彼らは互いにベストな考え方を探り合うこともなく、別々の場所で真逆のことをしているのかもしれません。私たちの仕事は、すべての人が孤独に闘うのではなく、助け合えるようソーシャル・イノベーションを用いて支援することです。これは台湾だけでなく、世界中どこであっても必要とされていることだと思いますよ」

オードリーは「インターネットは人権」であると公言し、離島や山岳地を含む地方のインターネットの普及にも取り組んでいる。ソーシャル・イノベーションの推進において、誰も置き去りにしないためだ。そんなオードリーがこの概念に触れたのは、1997年のことだった。

「当時の私たちは、オープンソースを推進すべく『フリーソフトウェアは人権の主張や社会に対する提議に使われるものであるから、ユーザーの環境で制限されることなく、誰でも閲覧・編集・実行できるものであるべきだ』という主張を大企業に伝える活動をしていました。そしてNetscapeという大企業と話す中で、『人権を主張するだけでなく、ソーシャル・イノベーションによってコストを節約しながらソフトウェアの品質をさらに上げることができるということも同時に主張すべきだ』という考え方が生まれ、彼らはそれを受け入れてくれました。それこそが1997年にできた〈オープンソース〉という概念です。

こうして彼らの作品Netscapeはオープンソースの軽量ブラウザFirefoxとなり、そこを基礎にして、さらに新たな発明が生まれていきました。Googleでさえこのようなロジックを信じ、ブラウザをオープンにしたのが現在のChromeですね。Internet Explorerを終了したマイクロソフトも、Chromeと同じオープンソースChromiumをベースにしたEdgeというブラウザを開発しました。彼らはソースコードの共有プラットフォームGitHubを買収し、このソーシャル・イノベーティブなプラットフォームをコア戦略に据えています。

このように、これまで自分たちが書いたコードは絶対に共有せず、単独で闘うのが主流だったビジネスの世界でも、現在のソーシャル・イノベーションの潮流の中では皆がオープン性を受け入れています。その流れで、最もオープンではないAppleでさえも、彼らのプログラミング言語Swiftを社会に対してオープンにしました。Swiftを使ってコードを書けば、LinuxやWindowsにおいてもAppleのアプリケーションを動かすことができます。これまで密室で行われていた製造が、開かれた場所でされるようになった。この変遷こそがソーシャル・イノベーションです。

私が一番はじめにソーシャル・イノベーションに触れたのは、こういった自分の領域における出来事でした。オープンデータやオープンガバメントなど、今、私が推進していることはこのオープンソースの概念を広げたもので、根底は同じなのですよ」

フリーソフトやオープンソースが進んでいる国は、その国の人権保護も前に進んでいる。そしてその逆もまた然《しか》り、と私には思える。

デジタル担当大臣流「ソーシャル・イノベーション」

オードリーは政府内でソーシャル・イノベーションを推進するだけでなく、自らも実践している。その一つが、ソーシャル・イノベーションの推進を国策の一つにしてみせた〈ソーシャル・イノベーション推進アクションプラン〉の立案と実施だ。

「私が入閣する前、馮燕元大臣が4年に亘る〈社会企業アクションプラン〉により、基礎となる大部分を作っておいてくれました。私が入閣した後に行ったのは、未成年など投票権の無い国民にも公共事務に参加できるようにしたこと、つまり民主化を深める作業です。それと、グローバルパートナーの考え方を用いて、ＳＤＧｓを共通の目標にして世界と繋がろうと提案したことですね。

民主化を深めることや世界と繋がることについて、反対する人は台湾にはいませんから、私は誰のことも説得する必要はありませんでした。それに、もともと〈社会企業アクションプラン〉を推進する中でも、同じことを提議している民間の仲間たちがいたのです。私はただ、彼らの考え方を行政院が認める文字に変換しただけですよ。

簡単に言うと、行政院の予算は１年に１度だけ編成されますから、何か自分が新しくしたいことがあっても、なかなかすぐに反応できません。それに１元が創り出すのは１元の効果です。けれど、民間のイノベーションでは、１元が３元の効果を創り出すこともできるかもしれませんと、だいたいこのようにして説明しました。ソーシャル・イノベーションが、変換の鍵です」

そして、ソーシャル・イノベーションを掲げるオードリーや、シビックハッカーらの活躍もあって、台湾は新型コロナウイルスの抑え込みに成功し、世界に対する存在感をいっそう強めることができた。

そういった意味でも、「1元が3元の効果を創り出す」を実現しているように思う。

誰もが社会を良くしたいと思う時代

「ニューノーマルという形式の新しい現象の一つに、インターネットユーザーが新しい問題の解決に直接参加したいと思うことが挙げられる」「新しい問題を自分の手で解決したい、解決に参加したい、貢献したいという精神的な面も大事になると思う」

これは、2020年9月、オンラインカンファレンス〈LINE DAY 2020 ―Tomorrow's New Normal―〉でオードリーと対談したLINE代表取締役CWOの慎《シン》ジュンホの言葉だ。これは私も大いに感じていたことだった。

では、今どうしてそのようなムードが各々の中に芽生えてきているのだろうか。改めて、オードリーにどう思うかを訊いてみた。

「これまでは、学業を終えて社会に出ないと社会貢献ができないと思われていました。でも今は違います。今は誰でも携帯電話を持ちさえすれば社会に出ることができます。つまり社会の誰かに対し

て影響力を発揮できるということです。これが最大の違いでしょう。

私が15歳で起業した当時、周囲は普通ではないと思ったようですが、今は15歳くらいで大きな社会運動を起こす人だっています。グレタ・トゥーンベリさん（スウェーデンの環境活動家）が金曜日に学校へ行かず街頭で抗議しているのも、皆、普通に受け入れていますよね。最も大きな変化はインターネットの普及だと思います。

これはソーシャル・イノベーションにも大きく関係してきます。たとえば18歳以下の若者たちに投票権が無いからといって、ＳＤＧｓの問題解決に彼らの意見が取り入れられないのはアンフェアです。気候の変化にしても、最も影響を受けるのは18歳以下の彼らなのですから、彼らの意見が私たちより重要視されて当然なわけです。投票権が無いから彼らの意見が重要では無い、そんな考えはあってはなりません」

日本に課題があるとするなら

話せば話すほど日本との差が見えてくるような気がして、私は少しうなだれてしまった。そんな私にオードリーは言う。

「日本にも〈Society 5.0(*)〉という政策がありますね。それに、ＳＤＧｓのパフォーマンスも日本は現在17位で、アジアでもトップクラスです（左頁の表参照）。とはいえこれは国連加盟国を対象に行われた調査で、加盟国ではない台湾は対象になっていないのですが（笑）。

日本はＳＤＧｓ達成に向けて、とても良くやっている国の一つだと私は思います。私が日本に行った時、どの場所でも17色のＳＤＧｓカラーを見かけました。あの〈ＰＰＡＰ〉のピコ太郎さんがＳＤＧｓを広める動画もありました」

「社会、経済、環境など、どの目標も相殺されず、お互いを強化するという概念、平和的で協力的な姿勢が必要です。これも日本では非常に重視されている伝統だと思います。日本では大地震などの災害が起きる度、企業で働く人やソーシャルワーカーらが皆で一緒に問題解決に当たっています。私はいつもその姿を見てきました。日本政府に課題があるとするなら、これらの問題解決に取り組んでいるのは民間ばかりだと、国民から思われていることのように思います。政府が何をしているのかを国民に知らせるためには、非常に長いプロセスを経なければならないようですね。政府が決してＳＤＧｓに取り組みたくないわけではないことは、日本の皆さんにも伝わっていると思います。ただ、何をしているのかを伝える機会が１年に一度だったりするわけですね。台湾政府のように１週間や１ヵ月に一度という感じではありません。そして日本には今のところ、私のように『毎週水曜日、私に話をしに来てください』などという大臣はいません。私には、ただこの政府の取り組みを国民に知らせる即時性や頻度に違いがあるだけで、SDGsの知名度は日本と台湾に差が無いように思えます」

※Society 5.0とは
サイバー空間（仮想空間）とフィジカル空間（現実空間）を高度に融合させたシステムにより、経済発展と社会的課題の解決を両立する、人間中心の社会（Society）。2016年から2020年に実施される第5期科学技術基本計画において、日本が目指すべき未来社会の姿として提唱されたもの。（出典・参考：内閣府ウェブサイト）

SDGsパフォーマンス（国連加盟国対象）

ランク	国名	スコア
1	スウェーデン王国	84.72
2	デンマーク王国	84.56
3	フィンランド共和国	83.77
4	フランス共和国	81.13
5	ドイツ連邦共和国	80.77
6	ノルウェー王国	80.76
7	オーストリア共和国	80.70
8	チェコ共和国	80.58
9	オランダ王国	80.37
10	エストニア共和国	80.06
11	ベルギー王国	79.96
12	スロベニア共和国	79.80
13	英国	79.79
14	アイルランド	79.38
15	スイス連邦	79.35
16	ニュージーランド	79.20
17	日本	79.17

出典：The Sustainable Development Report、based on the publication Sachs et al. (2020):The Sustainable Development Goals and Covid-19. Sustainable Development Report 2020. Cambridge:Cambridge University Press.

ソーシャル・イノベーション入門者におすすめの本5冊

台湾であっても日本であっても、もしかしたら私たちはソーシャル・イノベーションという概念を意識しないいまま、それに近しい小さな行動を日常的に行っているかもしれない。でも、視点を変えるだけで、違う場所で自分と同じように社会を良くしたいと思っている人と共に繋がり、より実現の可能性が高まるのかもしれない。

それならばもっと体系的に理解してみたいと思い、オードリーに、私のようなソーシャル・イノベーション入門者におすすめの本を5冊教えてもらった。おそらく取材でよく訊かれる質問の一つなのだろう。彼女は手元におすすめ本のリストがすでにあったようで、即答してくれた。

①『ハッカーズ大辞典』

（原題：Jargon File エリック・レイモンド編纂　日本語版は2002年にアスキーより出版）

「ESR（アメリカの有名なプログラマーであるエリック・レイモンドの呼び名）の本。彼が書いたわけではなく編集した作品で、いわゆるハッカーの辞典です。ハッカーという概念が現れてからこれまで、ハッカーコミュニティの中で良く使われている言葉の定義がまとめられています。本の中では

『ハッカーコミュニティには博士号を取得した人はたくさんいるからそう特別ではないけど、中退して自主学習を終えた人は尊重する』と書いてあって、進学するか悩んでいた頃の私に大きな影響を与えてくれました。ハッカーがまだ情報セキュリティの影響を受けていない頃からの歴史や背景が書いてあるので、シビックハッカーになりたい人にはおすすめです」

②『Free as in Freedom 2.0』

（サム・ウィリアムズ／リチャード・ストールマン著　日本語版は未発売）

「ハッカーコミュニティの中で影響力を持つＲＭＳ（アメリカの有名なプログラマー、リチャード・マシュー・ストールマンの呼び名）という人物の自伝です。2.0となっているのは、人が彼のために書いたものを、本人が書き直したからです。彼は他人が彼についての伝記を書く際、一部の著作財産権を放棄するよう求め、別の人が改作できるようにしたのです。私が取材を受けたものを公開し、皆に改作できるようにしているのはＲＭＳに啓発を受けたものです。彼はＧＰＬ（フリーソフトウェアについて定めたライセンスの一つ。ＧＮＵともいう）など多くのフリーソフト運動の主要提起人ですから、とても説得力のある自伝ですよ」

③『Communication Power』

（マニュエル・カステル著　日本語版は未発売）

「3冊目と次の4冊目は同じ作者、マニュエル・カステルによるものです。この本は私たちが現在運用している考え方、たとえばユーモアを持ってフェイクインフォメーション対策に当たるとか、新型コロナウイルス対策の際に用いた「fast（速さ）」「fair（公平さ）」「fun（楽しさ）」という3つの「f」などもそうです。インターネット社会学や社会心理学といった、以前は別々の学問だったものを初めて繋げて考えた本だと言っていいでしょう」

④『Networks of Outrage and Hope : Social Movements in the Internet Age』

（マニュエル・カステル著　日本語版は未発売）

「マニュエル・カステルはこの本で、③の『Communication Power』で取り上げた理論をウォール街の占拠やスペインの15M（キンセエメ）運動、アラブの春など実際の占拠運動に運用し、分析しました。私は〈ひまわり学生運動〉の時、ここに書かれていた数々の考え方を意識して運用に当たっていました。たとえば『デモの焦点を抗議に置かず、皆が新しい民主主義の形を体験できるようにする』といったこともそうです。よりたくさんの人々に体験してもらえれば、皆も民主主義とは投票するだけではなく、もっと前に進めるんだということに気付くでしょう。あの時、抗議している人たちのことをその他の人たちが見ているだけだったら、何も変わりませんでした。そういう意味で、これも大規模なソーシャル・イノベーションだったと言えるでしょう」

⑤『ラディカル・マーケット 脱・私有財産の世紀』

（原題：Radical Markets エリック・A・ポズナー、E・グレン・ワイル著　日本語版は2019年に東洋経済新報社より出版）

「私も理事を務めているソーシャル・イノベーションの基金会〈R×C（RadicalxChange）〉の発起人の一人であるE・グレン・ワイルがエリック・A・ポズナーと共に書いた本です。彼らが作った〈二次投票（Quadratic Voting）〉などの新しい概念は、私たちも〈総統杯ハッカソン〉で採用しています。このような考え方によれば、経済と社会から択一で選ぶ必要はなくなります。これらの考え方は、私がソーシャル・イノベーションに従事する際に取り入れていますし、たとえばよく知られている仮想通貨の一つ〈イーサリアム（Ethereum）〉の考案者であるプログラマーのヴィタリック・ブテリン――彼もこの基金会の理事の一人ですが――といった、他のルール設計者たちにも影響を与えています」

3 使命感や情熱よりも大切なこと

入閣以来、オードリーが「公僕の公僕」として分刻みのスケジュールで公務をこなすのを見ていると、つい彼女の使命感や情熱はどこから来ているのか尋ねてみたくなる。

だが彼女は決まってこう答える。「**楽しいからです。趣味なんです**」と。

雑誌『週刊文春WOMAN』（2020年秋号）での日本の音楽家・岡村靖幸との対談でも、「仕事以外で何をしている時が一番楽しいですか?」と岡村から訊かれたオードリーは、「**私は趣味でデジタル担当大臣をやっているので、この仕事をしているときが一番楽しいんです。ある漫画で主人公が『自分は趣味でヒーローになった』と言う台詞があるんですが、それと一緒ですね**」と笑いながら答えている。

これは、日本の人気漫画『ワンパンマン』（作者：ONE、リメイク版作画：村田雄介）の主人公、サイタマの有名な台詞である。この対談のコーディネートで現場に立ち会っていた私は、まさか彼女からこの台詞が出てくるとは思わず、のけぞった。彼女は日本メディアの取材に対し、時折このように日本に関連するトピックを混ぜてインタビューに答えてくれる。これは彼女から日本へのおもてなしだと、私は受け取っている。

もちろんこれは冗談などではなく、彼女は大真面目にそう答えている。こうしたオードリーの働き方は、彼女が長年を通して携わっているオープンソース・コミュニティのそれと大きく似ている。もっと正確に言えば、彼女はこのコミュニティに大きく貢献し続けているだけではなく、彼女もそのコミュニティの働き方を作り出してきた担い手の一人なのだ。

使命感を持たない理由

「2006年、私は国際的に『まず、楽しむこと（原題：以樂趣為優先、英語名：-Ofun：Optimizing for Fun）』という概念を発表しています。オープンソースカルチャーのイノベーション運動に参加する中で、情熱や使命感は一定の時間を過ぎると使い終わってしまうけれど、楽しさを原動力にすればずっと続けることができる、だから私たちは使命感ではなく自分が楽しいことを優先しよう、と提議しました」

オードリーがこう話すのは、プログラミング言語〈Perl〉がバージョン5から6に移行するのに彼女が大きく貢献した時のことを指している。バージョン5はずっと解決困難な問題を抱えており、〈Perl〉のコミュニティに所属する世界中のプログラマーたちも手を焼いていた。皆でその問題の解決に取り組む中、オードリーは２００５年、プログラミング言語〈Haskell（ハスケル）〉を用いて〈Pugs（パグズ）〉という名のコンパイラ（変換プログラム）を実装。バージョン６への移行に大きく貢献した。

出典：-Ofun: Optimizing for Fun（2010年8月2日、作者：Audrey Tang）

それらの取り組みの中で、彼女は世界中の仲間たちに向けて「楽しもう」と言い、皆を鼓舞したのだった。そして２００９年、ついに〈Rakudo（楽土）〉という名前で〈Perl６〉がリリースされる。現在は〈Raku〉という名前になっているが、どちらも語源は「楽しむ」だ。さらに、日本語読みである。

「まず、楽しむこと（-Ofun：Optimizing for Fun）」

「私が、『まず、楽しむこと（原題：以楽趣為優先、英語名：-Ofun：Optimizing for Fun）』を発表したのは2006年のことだったので、きっとサイタマ先生より先だったと思います」

出典：Lessons learned from open source communities（2016年1月7日、作者：Audrey Tang）

オードリーはユーモアたっぷりにこう話す。オードリーは2016年1月にプラットフォーム〈Medium〉へ投稿した文章の中でも「まず、楽しむこと（-Ofun：Optimizing for Fun）」について触れており、上記の写真を用いて説明している。

「この写真には〈Optimizing for Fun〉の4つの主要要素が含まれています。安定したサポート、安全な場所、制約の無い活動、そして新しい世界の見方です。誰かが楽しみながら創り出したものを他の人が見て感動し、また別のものを創り出す。そうやってこの文化は続いていくのです」

「オープンソースの啓蒙」

オードリーの考え方がよく現れているスピーチの一つが、彼女が２０１５年にＩＴ技術者によるフォーラム〈Modern Web〉に登壇した際に紹介した「オープンソースの啓蒙（原題：開源之道、Open Source Enlightenment）」だ。これは、ソフトウェアエンジニアでオープンソース戦略家のアリソン・ランダルが２０１２年に来台した際のスピーチを元に、オードリーが創作した「二次創作物（Derivative work）」で、その中では「まず、楽しむこと（-Ofun：Optimizing for Fun）」や、オードリーがいつも皆に送るメッセージとして引用するレナード・コーエンの歌も言及されている。この歌に関しては後述する。

このスピーチには、「小唐鳳（小さなオードリー・タン）」を心に宿すためのヒントが詰まっている。いくつか抜粋して紹介したい。

「価値観」から人と知り合う

プロジェクトを通して共に仕事をした人々と出会い、そのプロジェクトを通してまた次のプロジェクトが生まれ、新たな人々と出会う。それがオープンソース・コミュニティの働き方だ。そこで出会った人との繋がり方は、少しずつ自己紹介を積み重ねながら相手との距離を知るといった従来の流れとはまた違う。

そのようなコミュニティを培ってきたオードリーが大切にしている考え方がある。

「『価値観から相手を知る』という、私の好きな言葉があります。英語だと"I'd like to know you by your values, not by your types, classes or roles." ですね。

新しく誰かと知り合う際、相手が心の中で大切にしていることを通して、相手の価値観を知る。性別や階級、役割などは環境と共に変わっていきますが、相手が何に対して貢献しているのかを大切にするという考えは、とても尊いと思います」

インターネット以前は個々に行っていた趣味や好きなアーティスト、関心のある社会問題なども、

出典：Lessons learned from open source communities（2016年1月7日、作者：Audrey Tang）

今はインターネットを介して同じ事柄に関心を持つ人々との繋がりが得られ、新しい知識や情報をシェアし合ったり共同体験をすることができる。オープンソース・コミュニティの働き方とは、このようなとてもリラックスした関係の中で行われていくから、達成感もより高まるのだ。

上の写真は、オードリーが「価値観から人と知り合う」について説明する時に使ったもの。タイトルの〈Kudos〉は、ギリシャ語で「称賛」という意味で、英語圏のメールやSNSで、相手を称賛する時に使われる言葉だ。

＋＋を送る

「＋＋（プラス、プラス）」は、まだ「いいね」の無かった時代に相手を讃える時に使われていたネット用語だ。

出典：Lessons learned from open source communities（2016年1月7日、作者：Audrey Tang）

「私自身、100以上のプロジェクトを同時にこなしていた頃、世界中から感謝のメールを毎日受け取っていました。それは私にとって非常に大きな原動力となりました。相手を肯定し讃え合うことで互いに励まされ、プログラムを書く者は、世の中で何が必要とされ、喜ばれるのかがわかるようになります」

オードリーはいつも、まず人の良いところを見つけて褒めることを忘れない。もしかしたらそれは、彼女自身が人にされたら嬉しいことを、まず相手にしているのではないだろうか。

〈Ubuntu（ウブントゥ）〉の精神

オードリーがオープンソース・コミュニティの働き方を政府に取り入れたり、オープンガバメントを推進したりする際、いつも言っていることがこれだ。南アフリカのズールー語で「思いやり」を意味する言葉が語源になっている。

出典：Lessons learned from open source communities（2016年1月7日、作者：Audrey Tang）

「〈Ubuntu〉とは南アフリカ共和国から始まった文化です。一人一人の能力は違うから、単独ではなくお互いに助け合うことによってこそ、自分の限界を超えてより良いものができるのだという概念です」

彼女が〈vTaiwan〉や〈Join〉などといったプラットフォームを作り、法改正や公共政策についてオープンな場で討論できるようにしたのも、ステークホルダーだけでなく、議題に関心を持つ人々が熱意を持って加わることにより、さらに良い結論を導くことができると信じているからであろう。

コミュニケーションのプロトコルを用意する

プロトコルとは、コンピューター用語で、「異なる者同士が通信する際のルール」のことだ。たとえば、オープンソースのアプリケーションには必ずと言っていいほど「リードミー（README）」「変

出典：Lessons learned from open source communities（2016年1月7日、作者：Audrey Tang）

更履歴」「ロードマップ」「よくある質問」といった、初めて使う人向けのドキュメントが一式用意されている。

オードリーは、働き方においてもこの約束事をしっかり設定しておくのが大切で、「他人は、自分が何を考えているかを知っているはずだ」とか、何か嫌なことをされた時に「相手はわざとこうしたんだ」などと被害妄想的になるのは〝認知のズレ〟であるとし、衝突の原因になるので避けなければならず、そのためにはこの共通認識作りが重要だと言っている。

問題があるからこそ光が差し込む

「まだ完成していないものを公開することを恐れないでください。〈JavaScript〉は当初、最もひどいプログラミング言語でした。でも後から最も流行した言語になりましたよね。この写真のロゴは、一番はじめは素人が作ったものですが（次頁図・左上）、それを見たデザイナーがきれいなものに直してくれて、どんどん完成度の高いものになりました（同・右下）。インターネット上で大勢から注目を浴びる最善の方法は、間違った答えを提供することです。するとどこからともなく専門家が現れ、具体例を用いて修正してくれるでしょう。私の好きな歌の歌詞に、『裂け目こそ光が差し込む入り口だ』という言葉があります。不完全なスケッチがなければ、私たちにより良い行いをするよう刺激してくれるものは何も無いのです」

出典：Lessons learned from open source communities（2016年1月7日、作者：Audrey Tang）

こう語るオードリーが「好きな歌の歌詞」と言っているのは、いつも彼女がメディアや登壇などで人からメッセージを求められたときに必ずといっていいほど引用する、カナダのシンガーソングライター・詩人、レナード・コーエンの歌『Anthem』（アンセム。賛歌、祝歌という意味）の一節だ。

“There is a crack in everything　That's how the light gets in”（拙訳：すべてのものには裂け目がある　裂け目があるからこそ、そこから光が差し込むことができる）一部抜粋：

Leonard Cohen『Anthem』

トロールを抱きしめる

インターネット上で人を煽るコメントを投稿するといった迷惑行為を行う人のことを、ネット用語で「トロール（Troll）」、日本語では「荒らし」、中国語では「酸民《スゥアンミン》」と呼ぶ。オードリーは「これは私の趣味なので、誰彼かまわずおすすめしているわけではないのですが」と前置きした上で、そんなトロールたちを「抱きしめる」ことについてシェアしている。

出典：Lessons learned from open source communities（2016年1月7日、作者：Audrey Tang）

「たとえば、相手が100の言葉を放ったうちの95が人格攻撃の言葉だったとしても、残りの5つの言葉だけを見ることにします。他は見えなかったことにして、礼儀を重んじて答えます。〝適当なことを言っているうちは、相手の関心を引くことはできない。ではどんな態度で、どのような発言をすればよいのか？〟というこ

とを学習してもらうのです。これにより、彼らもコミュニティの一員になることができます」

以上、私が「オードリーらしい」と思うものをピックアップし、それぞれについて改めて彼女に話を訊きながらご紹介した。これは私が彼女の「オープンソースの啓蒙」を元に作った二次創作物であり、オードリーはいつもそういった創作を推奨している。なぜなら、これこそオープンソースによって様々な創作物が生まれ、より良いアウトプットが生まれるという、オープンソースを取り入れた働き方だからだ。

オードリーは過去に、オープンソースの啓蒙に関する英語の文章をプラットフォーム〈Medium〉に投稿している。次頁にＱＲコードを掲載するので、興味のある方にはぜひご覧頂き、また新たな二次創作物を作って頂くのも良いかもしれない。

オードリーが言っているように、主役は「人」ではなく、「考え方」なのだから。

〈Medium〉への投稿
「Lessons learned from open source communities」
https://medium.com/@audrey.tang/
lessons-i-ve-learned-32f5d8107e34

2015年〈Modern Web〉登壇「オープンソースの啓蒙
（原題：開源之道, Open Source Enlightenment）」動画
https://youtu.be/A6bBcvSyg0k

「オープンソースの啓蒙
（原題：Open Source Enlightenment 2015）」スライド資料
https://www.slideshare.net/autang/
open-source-enlightenment 2015

4 世界の中で「自分の役割」を見つけるには？

オードリーに触発され、自分も実際に行動を起こすハクティビストになったり、ソーシャル・イノベーションで社会をより良くしてみたいと思ったとする。だが難しいのは、この世にあまたある物事の中から何をテーマとし、自分の限られた時間やお金を使ってどう行動したらいいのか？　ということだ。自分の興味のあるテーマであれば、どんなジャンルであっても少しくらいは貢献できるのかもしれないが、これだという決め手を見極めるのはなかなか難しい。一歩前に踏み出してみたいと思った時、これらの疑問が真っ先に私の脳裏に浮かんだ。

自分が面白いと思うことだけをする

オードリーを台湾政府に抜擢した当時の女性閣僚ジャクリーン・ツァイが、「枠に囚われずに生きている人間は、彼らに見合った舞台がそこに用意されていれば、いつでも素晴らしい能力を発揮できる」といったことを話してくれた。しかし、その舞台の見つけ方がわからない、という人が大半ではないだろうか？

そんな漠然とした疑問をオードリーに尋ねてみた。

「私は自分の経験しかお伝えすることができませんし、他の人たちは違う方法を取っているだろうという前提でお話しします。私の行動原理はとてもシンプルで、〝自分が面白いと思うことしかしない〟ということです。たとえ大金を稼げる仕事があったとしても、面白いと思えない仕事であれば、やりません。そして面白いと思ったことがわずかしか稼げないとしても、それで飢え死にすることがないのであればやってみます。

面白いと思いながら何かに携われる場合、私はその過程で新しい学びを得ることができ、私と一緒に仕事をしている人ともそういった学びの楽しさを共有でき、彼らもまたより積極的に参加してくれるようになるからです。一方、やりたくないことを無理して行った場合はその逆ですね。ですから私にとって何より大事なのは『楽しむこと』なのです。楽しければ毎日目を覚ました時にたくさんの新しいアイディアが浮かび、最も良いパフォーマンスが発揮できるでしょう。その差は歴然です」

オードリーをよく知る〈g0v〉の発起人・高嘉良にインタビューした際、「オードリーは昔、人から頼まれごとをするとなかなか断れないと言っていたなぁ」とぽつりと言っていたのが思い出される。私も、オードリーが自分のできることはできるだけしようという姿勢で物事に当たっているのを傍で見てきた。私の取材にもたくさん協力してくれた。

オードリーのもとには日々、講演や取材、コラボレーションなど数々の依頼が舞い込む。けれどすべてに応えていたら、自分が納得のいくパフォーマンスが出せなくなるということだろう。「楽しいか？　楽しくないか？」というシンプルな原則だけ決めて、すべてのスケジュール管理を秘書たちに任せている理由は、そんなところにあるのかもしれない。

そうは言っても、会社勤めの人が彼女の方法をそのまま当てはめるのは難しいだろう。だが、仕事の場で「あの人は楽しいと思えることをやらせたらピカイチだ」と思ってもらえるように物事に臨んでみることはできる。

そうすることで、次には今より楽しい仕事を選べる状況がやってくるかもしれないのだ。

スラッシュ族でもいい

今、自分のいる会社の仕事ではとてもそんな楽しさは実感できない。だからといっていきなり会社を辞めて起業したり、社会問題を解決すべく団体を設立したりするのが難しい場合はどうしたらいいのだろうか。大の大人がオードリーを相手に人生相談のような質問をするのは恥ずかしかったけれど、この本は学生や若い人たちにも届けたいと思っているから、背に腹は代えられない。オードリーはいつものように穏やかに答えてくれた。

「台湾では、スラッシュ族と呼んでいますけれど、そういった働き方でも良いでしょう」

スラッシュ族とは、アメリカのコラムニスト、マーシー・アルボハーの著書『One Person/Multiple Careers』（2007年、日本語版未発売）に登場した言葉で、複数のスキルや経験を横断してキャリアを形成している人たちを指す。自分のキャリアを紹介するとき、複数の仕事や職歴を「／（スラッシュ）」で区切ることから、この名が付いたという。ただ、このキャリアの中にはお金を稼ぐための本業と副業以外に、ライフワークも含まれている。日本でも近年、副業や兼業が認められるようになるとともにスラッシュ族が増えてきているが、台湾ではずっと以前から一般的な働き方として浸透している。

「それに、私のように上司に認めてもらって仕事中に自分の好きなことをするのもよく見られることですよ。たとえば私は今、大臣の仕事以外に〈RadicalxChange〉というソーシャル・イノベーションを推進する民間組織の理事として働いています。大臣の責務を持ちながらも、この仕事のためにニューヨークへ行ったりしています。それを行政院長に同意してもらえたのは、私が行政院で推進している仕事にも関係し、二つの仕事の相乗効果が得られるという理解が得られたからです。同僚や上司に両方で働くことのメリットを証明できれば、チャンスはより多くなると言えるでしょう」

自分が得意なことを見つける

前述したように、オードリーは私が取材を重ねる中で「私が得意とするのは『共同編集』と『協業』だ」と語ったことがある。それについて詳しく訊きたいと言うと、彼女はさらっとこう答えた。

「1989年、私は9歳でプログラミングを始めました。ですからプログラミングによってコラボレーションツールを開発することは長きに亘る私の専門です。2008年には、Socialtextという会社に入り、オンラインで共同編集できる表計算ソフト〈EtherCalc〉を開発していますし、1995年にはこのテーマで起業もしていますよ」

その起業というのが、仲間たちと作った〈資訊人文化事業公司〉のことだ。

「私たちは起業当初〈CoolBid.com〉というCtoCのオークションサイトを作りました。インターネット上で人々が取引を始めたことにより、中間業者を通さずとも、すでに使わなくなったけれど品質の良いものをオークション形式で必要とする人に売ることができるようにしました。それが1996年のことですから、本当に長い間このテーマに携わり続けているということになりますね。このテーマとはつまり、面識の無い人々と、事前に取引に納得できるかどうかわからない状況の中で、スペース・ソフトウェア・プラットフォーム・メカニズムのデザインを通し、共通の価値を見つけて共に実践するということです。大臣になった現在でも、私はまったく同じことをしています」

「やりたいこと」を社会で実践する方法

自分が面白いと思えることが見つかった後、それを実践する方法をオードリーは具体的に教えてくれた。それは彼女自身が起業の際にいつもしていることであり、スタートアップ界隈ではごく自然に行われていることだ。楽しいか？　楽しくないか？という価値基準で動いた先には、有意義な出会いがたくさん待っていることが伝わってくる。

「社会に対して意義のあることをしようとした時には、まず投資者を探し、ピッチ（Pitch）をすることです。1～5分といった短時間内で、自分がなぜこの方法によって社会的使命を達成できるのか、相手に理解してもらえるように話します」

「ピッチ」とは、もとはシリコンバレーで始まった文化で、スタートアップ企業が投資者に向けて短い時間内でプレゼンテーションを行うことを指す。

「ピッチを行う場所はどこでも良いのです。たまたま一緒にエレベーターに乗り合わせた人に向け

てピッチを行う〈エレベーターピッチ〉というのもあります」

確かに、台湾では普段から食事の席などでも友人同士で「次は何々をしたい」というプランを話し、そのまま実行に移すことは珍しくない。机上で企画書を練りに練って作るより、こうして実践で練習を積んでいくほうが現代にマッチするようにも思える。

「そしてもう一つあります。しばらく経営を続けていると、より多くの人に加わってもらうことで自分たちがもっと良い仕事ができるということ、いわゆる〈変化の理論（Theory of Change、TOC）〉をはっきり話せるようになる必要が出てきます。はじめは数人で行っていたことを、次のレベルではより世界を良くするために、もっと多くの人のパワーを投入します。また次のレベルでは、プロジェクトをより長く継続させるために影響力の評価をします。すると、50倍や100倍の人数が加わった場合には、効果も同じように50倍や100倍と増加することがわかるでしょう。

開始してしばらくは、一つ目の〈変化の理論〉を思い描くことができませんが、時間が経つにつれて次第に二つ目や三つ目も描けるようになります。投資家に説明を行う場合は、途中から内容が変わるとしても、これらすべてを揃えておくことが大切です」

オードリーらが〈資訊人文化事業公司〉を起業した時もそうだったと言う。

「自分たちが行ったことが社会への支援や利益を生むような効果を出すというのは、私たち自身も当初予期していませんでした。同様に、多くの人が社会のためになると思っていることも、実行してみると利益が出ている場所があちこち違ったりします。ですから投資家に説明する際には、私たちが物事を実践しながら、より高い社会的な利益を見つけた方向へと開発を〈ピボット（軸足を中心に行う方向転換）〉するつもりであることも伝えます。金銭的な投資者だけではありません。周囲に時間を使って参加してもらいたい場合も、同じように明確に伝える必要があります」

確かに〈ピッチ〉だけだと誰もが無意識のうちに日常でよく行っているように思うが、そこに〈変化の理論〉が加わると、投資向けにスタンバイされた状態に仕上がる。アイディアの蕾を花開かせられるかどうかの差が、ここにあるのかもしれない。

「今日、多くの投資家や資本家たちは、自分たちの投資が短期的に稼げているように見えても長期的には社会や環境を破壊してしまう場合、それが良い投資ではないということを理解しています。そのようなケースに陥らないよう、今はいわゆる〈ESG投資（環境：Environment・社会：Social・ガバナンス：Governanceといった要素にも配慮しながら行う投資のこと）〉というものがありますね。投資は利益を回収するだけでなく、環境的な価値や社会的な価値といった共通のガバナンスを獲得するといった考え方です。

このような考えのもとで投資してもらうということは、あなたの行動が単なるお金儲けではなく、社会や環境、ガバナンスにとって意味があるということの証明となります。そうしたより良い未来に対して投資をしようという人々がいるのです」

リーダーシップは取らなくても良い

私が、日本におけるオードリー関連の報道を見ていて、少しずれていると感じることがある。もちろん海外の物事、しかも人物について報道するわけだから認識に誤差があるのは致し方ないのだが、オードリーをリーダーとして紹介することに関しては、とても惜しいと思うし、訂正したい気持ちに駆り立てられる。

日本人には昔からなぜか、政治家にしても著名人にしても、自分が選んだ人を信頼して、その人がすべての状況において、自分のイメージ通りに振る舞うことを期待する潔癖性と不寛容性が強い傾向にあるように思う。だから、その人が自分の思っていた人物像と違うとなれば、失望し、時には必要以上に叩いたりもする。だが、インターネットの発達によって、360度どこから見ても完璧な人間なんてどこにもいないことが露わになったし、それが人間として当たり前の姿だと受け入れる世の中になれば良いと思う。

オードリーを新時代のスーパーヒーローやカリスマに見立てたくなる気持ちはわからないでもないのだが、実際の彼女はそうではない。彼女は自分が楽しいと思えること以外はしない。十分なパフォーマンスが発揮できないからだ。そして、彼女は皆の先頭に立って引っ張って行くタイプのリーダーではない。どちらかというと、バックアップを得意としている。

そんな彼女に、リーダーシップについての考え方を改めて尋ねてみた。

「私は入閣の際に『公僕の公僕になる』と言っています。皆が共通の価値を見つけ、イノベーションによってその価値を実践できるようすべての人に仕え、サポートすることです。以前、日本の経営学者・野中さん（野中郁次郎。一橋大学名誉教授）が管理学上このような共有空間の重要性について話されていたので、私は日本に行って彼を訪ね、この方面についての考えを話し合い、彼が主催するセミナーにも参加したことがあります。

野中さんの考え方は、ちょうどその頃に変化を迎えていました。リーダーのポイントは、彼が以前提案した知識創造のプロセス〈SECIモデル（共同化・表出化・連結化・内面化の4プロセスを絶え間無くスパイラルさせるというナレッジマネジメントのプロセスモデル）〉を実行することではなく、リーダー自身が異なる立場から物事を見る知恵を備え、いつも新しい可能性を開き続けられることが大切だというふうに。〈SECIモデル〉の鍵となる「暗黙知」や「形式知」といった知識以外に、彼が日常的に実践していることの過程に、皆が参加できるということこそが、リーダーシップであるのかもしれない。このような概念を、中国の古い漢字で「徳《ドアー》」と呼びます。一人の人を扱う時、1時間ごと、1分ごと、毎秒、他の人がその感覚を感じ取ることができます。野中さんは、この概念が新世代のリーダーにとって、彼が以前に提案したことよりも、より重要であると感じたそうです。私もこれらのことについて、彼から多くを学びました」

私がこれまで取材でオードリーと共に過ごした時間は、述べ20時間近くになる。その他にメールなどでのやりとりもあるから時間だけで計ることはできないが、私はいつも、彼女と過ごす時間のすべてから様々なことを学んでいる。

一緒に仕事をするだけで多くの学びがある。新しい気付きがある。そのようにして私の心に、ハクティビストやソーシャル・イノベーションの種が蒔かれた。きっとこうしてオードリーは、世界各地に種を蒔いているのだと思う。こうしたリーダーシップの発揮には軍隊のような規律や上下関係のしがらみがなく、とても心地良い。

自分に合ったテーマを見つけるには

オードリーは彼女が追うテーマを9歳の頃に見つけている。そしてそのテーマを軸に、日々新しい学びや様々な考えに触れて自分自身をアップデートしている。では、私たちはどのようにすれば自分に合ったテーマを見つけられるのだろうか。

「たくさん試すことです。私は自宅や旅行に行った場所のステイ先に近いレストランで、毎日違うものを食べます。メニューにあるものをすべて食べた後、自分が本当に好きなものが何なのかわかるようになるのと同じですね」

それは、諦めずに続けるという意味ですか？　と私が訊くと「いいえ」と彼女は言った。

「できるだけ様々な可能性を感じるようにすることです。先ほどの話に出た、スラッシュ族ですね。あなたがはじめに無理をして受け入れたものをずっと続けなさいということではありません。目の前のことに縛られて、自分に何ができるかを制限しないでくださいということです」

5 人やお金との付き合い方

オードリーのことが日本で話題に上るたび、「ＩＱ１８０の天才大臣」という決まり文句が付いてまわる。日本の取材を受ける際、彼女はうまくかわしているが、さすがに何度もインタビューを繰り返している私がそのことに触れると、ユーモアで返すようになった。とある日本の編集部の希望で、この決まり文句が記載された原稿を掲載前確認のために提出した時には、「ＩＱ」を「身長」に修正するよう赤字が返されたこともある。「ＩＱについて尋ねると、いつも身長で返されますね」と私が言うと、オードリーは楽しそうに「四捨五入せずともぴったり１８０cmなんですよ」と笑う。

そうなのだ。私が台湾に来て驚いたことの一つが、日本ではなじみのない言葉だが、台湾ではあらゆる場面で「ＥＱ（Emotional Intelligence Quotient、心の知能指数）」の方がＩＱより重視されていることだった。

台湾では、一般的に人を褒める時などに「あの人はＥＱが高い」などというように使われている。メディアや大衆からの心ない言葉にタレントがＥＱの高い対応で返すと、好感度が一気に上がる。職場でも、たとえば人前で部下を叱る上司は「ＥＱが低い」とみなされて尊敬されない。メンツを大事にする台湾人にとって、どれだけその人が落ち度のあるミスをしたとしても、人前で叱って部下のメンツを潰すような上司は、自分の感情をコントロールできない人間だと思われるのだ。だから、どんなにＩＱが高くても、ＥＱが高くなければ尊敬されない。そんな土壌があるからこそ、台湾のメディアもあまりオードリーのＩＱを強調することがなかった。日本で「天才デジタル担当大臣」というキャッチコピーが独り歩きして、それを台湾メディアが逆輸入して使うようになるまでは。

ＥＱが今の日本にも大切なことだと思った私は、これまでも日本のメディアに向けて台湾のＥＱを重視する文化について書きたいと提案してきたが、「日本ではなじみがない」と採用されることはなかった。だからこそ、私は日本語で本書を書くにあたって、オードリーを通してこのことを伝えたいと考えている。そこで最もＥＱが必要となる「人との付き合い方」、そして少しだけオードリーにとっての「お金」について訊いてみた。

ＥＱは自分を守るためのもの

「台湾でＥＱが重要視されるのはなぜでしょうか」と私が訊くと、オードリーはそうですねと間髪を容れずに答えた。

「私たちは、挫折や対立を経験した時、どのように自分の心をケアすれば良いのかを非常に重視しています。台湾は人口密度がとても高いので、これは必須スキルなのです」

ＥＱとは、一つの対人スキルのようなものだと思っていたが、オードリーのこの捉え方は私に新しい視点をもたらしてくれた。

「叱るという行為は、その人の態度についてではなく、ある物事に対して行われるべきです。その人に対する批評と、間違った行為を正すことは異なる行為だからです。

たとえば、誰かがはみ出し駐車をしている時も、赤信号で横断歩道を渡っている時も、その人を否定するのではなく、その出来事に対する批評であれば人前であっても行っていいと私は思いますよ。このことを表す『對事不對人《ドゥイシーブドゥイレン》（人ではなく、物事に対して行おうという意味）』という台湾の流行語があります。英語だと〈Don't take it personally〉といったところですね。台湾でこの漢字五文字を知らない人はほとんどいないでしょう。誰もが１００回は聞いたことがあると思います」

そう言いながら、この言葉を日本に紹介することが面白くてたまらないといったように、おかしそうに笑う。

「對事不對人」は、台湾で昔から標語のように使い古された言葉で、あえて言葉に出して説明するものでもないからだ。だが、この言葉を知らなかった私は、これまでなぜ道端で見知らぬ人々から声をかけられていたのかがわかった気がした。先日もベビーカーを押して歩いていたら、スーツを着た私よりもずっと若い男性から「そこのママ、もっと歩道の内側を歩かないと危ないよ」と声をかけられた。注意された、というよりも友人に話すような口調だった。そして皆が、声をかけ終わると何事も無かったかのように去っていく。ごく自然にこういった振る舞いができるのは、對事不對人の概念が社会に浸透しているからだったのか。

「私は、台湾人に對事不對人が受け入れられている理由は二つあると思っています。

一つは、台湾は人口密度が高く、人と会うことを避けられないということです。深い山の中でもなければ、何度も同じ人に出会う生活になります。台湾には『一回生二回熟《イホイシェン・アーホイショウ》（一度目は生焼け、二度目は火が通るという意味）』という諺があるように、初めて人や物事に触れた時はよく知らないけれど、二回目かそれ以上になると突然詳しくなるのです。人口密度が高いがゆえに、人々が親しくなる速度も速くなり、まるで社会全体が一つの大きな家族のようになります。

もう一つの非常に大切なことは、健康・教育・公共交通の3つに関しては、社会主義的なシステムが採用されていることです。私たちの健康保険制度は人口の99%をカバーしており、加入者から集めたお金で成り立っていて、実際に医療ケアにかかった金額に応じて割引されます。台湾ではどの場所でも、患者にお金があっても無くても、医者にかかった時に受けられる医療はだいたい同じようなものです。教育についても同様です。義務教育の機会が剥奪されることはありませんし、学校に行けば栄養のある給食を食べることができます。

これらのシステムがきちんと実行されない場合、国民はすぐに政府に対して抗議と討論を始めます。これは伝統的な社会主義の姿ですよね。最近では公共交通機関についてもこのような関心が高まっています。台湾人には同じ船に乗った者同士が助け合おうという精神が根付いていて、その精神と、資本主義における競争精神とを分けて考えることができていると思います」

反逆はパワーの無駄遣い

オードリーを台湾政府に抜擢した前大臣のジャクリーン・ツァイを取材した時、彼女が「オードリーはとてもワイルドな思想の持ち主なのに、手段は温和で、反抗するとか暴力に訴えるということは一切なく、とても礼儀正しい」と話していたこと、きっとご家庭の教育の影響かしらと言っていたことを、オードリーに伝えた。するとオードリーは笑みを浮かべたまま、「おそらく家庭教育は関係無いですね。ただ私は身体が弱く、感情的な振る舞いができなかったからだと思います」と答えた。

「私はいつも新しいことに挑戦していて、旧《ふる》いことに反逆しているのではありません。私にとって反逆は、パワーの無駄遣いなのです。教育改革にしても何にしても、やるべきことをしているだけです。もし旧い体制側の人々が私たちに追い付きたいのなら、それは素晴らしいことですが、彼らにその気が無くても私には関係の無いことです。

反逆とは一般的に目の前にある壁に立ち向かうようなものですが、私はすでにその壁の外側にいるので、壁を必要としていないのです」

相手から攻撃されたら？

台湾でＥＱの概念が持ち出されるのは、その強度の差こそあれ「人から攻撃に遭った場合」だ。こちら側がなるべく相手を尊重していても、不躾な行為や発言をしてくる人というのは、どの世界にもいる。

オードリーは、私のインタビュー中に「**あなたのことを尊重していないわけではありません。お互いの時間を効率よく使うためにこうしますね**」と断ってから、私の問いに答える代わりに参考リンクを送ってくれたことがある。こんなにも相手のことを尊重する人が、もし相手から尊重を欠いた行動を取られたらどのように自分の情緒を処理するのだろう。少なくとも私にとってはすごく難しい。

「私だったらまず、その場で物理的な距離を取ります。その後にいつもより何時間か多めに眠ります。そういえば以前、労働基準法についての反対運動が起こっていた頃、私が講演していると、舞台下の学生たちが急に壇上に駆け上がって抗議しようとしたことがありました。私は彼らと距離を取りながら、彼らが読み上げようとした抗議文を『ちょっと見せて』と言って受け取り、代読したことがあります。私が読み上げてしまったので、彼らは抗議を行う意味を失い、どうしていいかわからないといっ

た様子で、一緒に記念撮影をしてその場は終了しました。これも一つの距離の取り方と言えるでしょう」

とてもイノベーティブな方法ですね、と私が言うと、彼女はこう続けた。

「彼らは、自分たちが卵で私は高い壁側に立つ人間だと思っていたようですが、結果的に私がすぐ彼らの側に行ったので、とても驚いた様子でした」

お気付きの読者もいるかと思うが、これは2009年2月にイスラエル最高の文学賞〈エルサレム賞〉を受賞した村上春樹が行ったスピーチ「壁と卵－Of Walls and Eggs」を引用したものだ。硬く大きな壁と、それにぶつかって割れる卵があるとしたら、自分は常に卵の側に立つと述べた、素晴らしいスピーチだった。オードリーの教養はいつも、こうした言動の細部に急に現れ、私を魅了する。オードリーと話していると、彼女からいつも高い教養を感じ取ることができる。もちろん、類まれなＩＱの高さにより、インプットの速度や記憶力は常人離れしていることはすぐにわかるが、それ以上に、幅広くかつ深く身に付けた知識を自分の中に取り込み、心が豊かであることを感じさせる。人々を魅了するのは、彼女のそういった魅力からだろう。もちろん私もその中の一人であるが、では彼女は、どのようにしてその教養を身に付けてきたのだろうか。

「私は他の人の話を聴くのに時間を費やそうという気持ちがあります。これは練習が必要なことで、生まれながらにこうだったわけではありません。人の話を聴く忍耐力がほしい時には、他の人の話を聴くことに多くの時間を費やすこと。ピアノの練習と同じですね」

思いがけず、彼女からは「傾聴《けいちょう》」についての答えが返ってきた。第2章で述べたが、彼女は中学3年生の時に、それまで複数あった人格を統合している。それ以前は会話をしていても自分の方が話すことが多かったというが、人格の統合後は相手の話を聴く時間の方が長くなったという。人の話を傾聴することにより、教養も培われていったという意識があるということだろうか。

自分と違う意見をどう捉えるか

インターネットが生活の隅々まで行き亘る現在、私たちは他者の意見を目にすることが多くなった。私自身は、自分と異なる意見があるのは当然のことで、異なる意見があればあるほど良いという考え方の持ち主である。だが、自分の身内だと思っていた人が差別的だったり、他人を攻撃するような発言をしているのを見かけたりすると、どうしたら良いのかわからず、まるで何も見なかったようにスルーしてしまうこともある。

そのことを話すと、オードリーは「**私は、自分と同じような価値観を持った人はこれまでに見たことがないけれど**」と笑った。

「**私だったら、次にその人と会う時の話題が増えたと受け取ります。自分と異なる意見を持つ人を説得したいとは思いません。私の考え方が、自分の視野によって制限されているように、他の人は私とは違う世界を見ているわけです。これは対話において基礎となる概念ですね。相手には私が見えていないものが見えているかもしれないし、相手の考えのほうが道理にかなっているかもしれない。私は、いつも自分が間違っているかもしれないという感覚を持っています**」

では、一緒に働く仲間たちに求めるものはどのようなものがあるのだろうか。行政院でオードリーのオフィスにいるメンバーの多くは、私が当初思い描いていたよりずっと若かった。服装もジーンズにTシャツかパーカーといったカジュアルな雰囲気だ。一方で、もともと行政院にいることを思わせるような雰囲気のスタッフもいる。オードリーのオフィスにはいつも取材や他の部署から会議に参加しに来た人など多くの人が出入りしており、ドアは開け放たれている。

行政院内にあるオードリーのオフィスは、いつもドアが開け放たれている。

「私のオフィスで一緒に働くメンバーには、二つの特色があります。一つはチームに加わる時、その人が既存のメンバーとは違ったものの見方があることです。私のオフィスには様々な省庁からメンバーが来ていますが、同じ省庁からは一人だけという規定で、二人以上が来ていないのはそのためです。

もう一つは、皆を助ける気持ちが強いことです。少なくともここで他のメンバーから受け取った以上のものを返していってくれます。誰もが共同で何かを創造することを厭わないし、多様性を持っているので、一人一人が異なる角度から意見を出してくれます。何か便宜を図るためにここへ来るような人はいません」

オードリー直属秘書の一人・彭筱婷は、台湾大学出身、元は記者だったという30代前半のチャーミングな女性だ。彼女と立ち話していた時に「私たちのオフィスのスタッフのバックグラウンドは本当に多種多様なのです」と言っていたことを思い出した。

オードリーはこうも言っていた。

「特定のコミュニティに所属しているメンバーは、そのコミュニティに関わる時間が長ければ長いほど、しきたりや文化に慣れ親しんでいきます。これには文化が受け継がれるという利点がありますが、頭の中に新しいアイディアが浮かんだ時、自分の物差しによってそれを説明しようとする欠点があります。ベテランによって文化が継承される必要があるとともに、偏見を持たない参加者の加入も必要です。ベテランになった人は、また違うコミュニティに参加してゼロから始めてみるのも良いでしょうね」

お金と、消費へのこだわり

オードリーにとっての「お金」について話をしていた時のことだ。急に具体的な給与額が出てきて、私のほうが面食らってしまったことがある。

「2014年にビジネスの世界を引退する前、私は〈Socialtext〉という会社で働いていました。この会社は業績がとても良かったので〈PeopleFluent〉という会社に譲渡され、私はコンサルタントに就任しました。台湾では、コンサルタントを『不顧不問《ブグーブウェン》（相談されなければ面倒を見ないという意味）』と皮肉って表現されるように、基本的に問題がなければ何も相談されることがなく、何もしなくてもお金が入ってくる仕事なのです。

当時は〈Socialtext〉の他に米・アップル社とオックスフォード大学の出版社、計3社のコンサルタントを2年間ほど兼任していましたが、仕事をする時間はだいたい週に10～20時間ほど、日数にすると週に2、3日だけでした。ですから毎週ほとんどすることがなくても毎月の収入は60万元（約240万円）ほどありました。だから公共利益になることをしてもいいと思えたんです。入閣後は営利企業の仕事はできなくなりましたから、今の大臣としての月収は大割引されまして、17～18万元（約

68〜72万円）ほどです」

大割引という表現に思わず笑ってしまったが、お金に困っていないからこそ、公共利益になることをやろうという気持ちになれたという心の動きには納得がいく。それに、高嘉良が本書のコラムインタビューで「ＩＴ業界は給与が良くて働き方もフレキシブルだから、ちょっと別のことに関心が向いていく」と話していたことにも通じる。では、オードリーにとって消費にはどのようなこだわりがあるのだろうか。

「消費についてのこだわりはありません。〈ソーシャル・イノベーション・プラットフォーム〉を見て何かを買ったり、髪を切る時には社会や環境に配慮した〈好剪才《ハオジィエンツァイ》 SuperbCut〉という美容室に行くなど、社会に貢献しているものを優先して選ぶようにはしていますが、こだわりのレベルとは呼べないですから、こだわっていないのと同じことです」

そう話すオードリーが当日着ていたのは、その日におろしたばかりの新しい服だった。明るい青と黒のコントラストが美しいその服は、台湾で研究開発され、コーヒーかすなど１００％リサイクル素材から作られており、彼女の親戚がオードリーのためにデザイナーとして初めて作った一点ものだ。色も柄も、彼女にとても似合っていた。

彼女は自分自身が一つのメディアであることをはっきり認識していて、貢献できることはしようという姿勢でいる。彼女の元へは日々、数々のメーカーや団体から推薦のメッセージを書いたり、動画を撮って欲しいといった依頼が届く。もちろん審査の類はしているだろうが、彼女はそれを厭わず、どんどん引き受けている。私は彼女が昼休みの数分の空き時間を利用して、そういった動画の撮影をする場面に立ち会ったこともある。「まさに公僕の公僕だ」と私は思った。

だが、彼女は常に「for（～のために）」ではなく「with（～と共に）」というスタンスを取っており、特定の団体や組織のために動くことはない。だからこそ私は、彼女が「これは」と思ったものについて主体的に消費する時、そこには意味があるのだろうと受け取っている。

100％リサイクル素材で作られたオーダーメイドの服を纏うオードリー。

6 デジタルツール使用の心得

デジタルツールを使いこなすだけに留まらず、デジタルツールの開発者でもあり、今でも大臣の公務の合間を縫って、それらのメンテナンス作業まで行っているというオードリー。そんな彼女にデジタルツールとの付き合い方や、おすすめのツールを訊いてみた。

また、便利なデジタルツールは、まるで私たちの体の一部分に組み込まれたようにシームレスで快適な体験をもたらしてくれる。一方でツールが無い状態になると、突然体の一部分を失ったような、何かが足りない焦燥感に駆られることがある。それはもはや、デジタル依存状態であり、中毒症状であると言えるのかもしれない。

オードリーは、そうしたデジタルツールの中毒性から自分を守る術を身に付けている。

スマートフォン

オードリーは携帯電話を2台持っている。一つはNokia、もう一つはSamsungのスマートフォンだ。米・アップル社のコンサルタントをしていた彼女ではあるが、アップル製品ではない。もちろん、それには理由がある。

「Samsungのスマートフォンにはペンが付属されていて、これを使って操作することで、スマートフォンを自分の体から離すことができます。人はそれが自分の体の一部だという錯覚に陥ると、それが無くなると心理的に不快を感じるようになります。ですから私はスマートフォンやSNSをただのツールとして、自分のコントロールのもとで操作するようにしています。このスマートフォンの利点は5Gであることで、まるでインターネットの線を持ち歩いているように、いつでもどこでも接続できます。ですから、ビデオ通話や外出の際にはこちらを使います。仕事以外の時間は基本的に使いません。

もう1台のNokiaは、タッチスクリーンではありませんが、YouTubeも見られるしアプリもインストールできるので、これもスマートフォンと言えると思います。ただ、モニタを触って操作するので、どうしても体の一部であると感じてしまいます。これはごく自然なことで、避けることができません。4Gしかありませんが（2020年末現在）、電話で話したり、動画を見るにはこれで十分です。もしNokiaに5Gがあったら、もう1台のスマートフォンは必要ないと思っています」

また、オードリーは仕事ではよくiPadを使っていて、それを使用する際にはいつも付属のペンを手放さない。それにはこういった理由があるのだった。

オードリーが左手に持っているのがNokia。右手に持っているのがSamsung。

付属のペンが付いているスマートフォンは、Samsungのもの。

オードリーが愛用するiPad。いつも、専用のペンを用いて操作する。

「SNSは、私が主体的に使えるように設定しています。Facebookも、自分で〈News Feed Eradicator for Facebook〉というプラグインを用いてフィードの表示をカスタマイズしているので、Facebookが流すフィードを受動的に追うといったことはしません。それに、ずっと指を使ってフィードをスライドさせているとSNS中毒になりやすいのですが、私はペンとキーボードを用いて使うので、それが体の一部分であるかのような感覚に陥ることはありません。もちろんSNSはデメリットばかりではなく、異なる多くの意見を得ることができるというメリットもありますよね」

行政院内にあるオードリーのオフィス。本棚にはVR機器などが置かれている。

オードリーが使用しているボイスレコーダー。かなりの容量があり、長時間の録音にも耐えられる。SONY製。

オードリーが実際に使っているツール

タスク管理ツール〈Wekan〉

オードリーのオフィスで使われているタスク管理ツール〈Wekan（ウィカン）〉。トヨタ自動車が生産管理で用いている「かんばん方式」のタスク管理を、オンラインツール上に応用したもの。共にプロジェクトを進める人々の間でタスクの数や動きが見える化されることにより、進捗が一目瞭然となる他、抜け漏れが防げるなどのメリットがある。このタイプには様々なツールが存在するが、オードリーらはオープンソースというポイントからこれを選び、必要に応じてカスタマイズして使用している。

ライブ投票サービス〈sli.do〉

イベントや会議などでインタラクティブに質疑応答をしたり、ライブ投票ができるクラウドサービス〈sli.do（スライド）〉。少人数の勉強会や討論会などにも適している。リアルタイムで質問や投票ができるので、オードリーは講演会などでよく活用している。尚、〈sli.do〉はカスタマイズが不要なほど機能がシンプルなため、オープンソースではないが、そのまま使用しているという。中国語版はオードリーが翻訳した。

分断の時代に共通の価値観を探す〈pol.is〉

民間による法規討論プラットフォーム〈vTaiwan〉に使われている〈pol.is（ポリス）〉は、機械学習により多くの意見の中から大まかな合意到達点を見つけることのできるオープンソースソフトウェアで、シアトルのスタートアップが開発したものだ。インターネットの発展と共に意見間の分断が進む現在、それらの間に共通の価値観を探すことのできるツールである。〈sli.do〉も〈pol.is〉も、ソーシャルメディアに近しいものではあるが、それらに比べて社会的影響力がほぼないため、ユーザー同士がお互いに攻撃し合うようなことが起こりにくい、とオードリー。

7 あなたの助けになる、フレームワークやテクニック

私はフレームワークが大好物である。いろいろ試してみて、自分の目的に合ったものを実践するのはとても楽しいし、何より仕事の効率が上がる。それに、どのようなフレームワークを採用しているかで、その人の個性や思考が垣間見える。そんなわけで、実に役得だなと思いながら、オードリーにおすすめのフレームワークを訊いてみた。

内省のフレームワーク、ORID法

〈vTaiwan〉で現在でも取り入れられているフレームワークは、内省を行う際に使われるORID（オーリッド）法というものだ。台湾では中国語で「焦點討論法《ジャオディィエンタオルンファー》」と呼ばれている。以下のステップを踏み、振り返りを行う。

・事実を見る（Objective）
・じっくり考える（Reflective）
・解釈する（Interpretative）
・決定する（Decision）

「ORID法は、主にディスカッションのガイドとして用いられ、20～50人といった多くの人が話し合う時に便利です。それぞれのエネルギーが発散してバラバラにならないよう、焦点を合わせたい時に使います」

デザイン思考

デザイン思考は、デザインにおける思考プロセスをフレームワーク化したもので、ビジネスの世界でも広く取り入れられている。オードリーによれば、規模が大きく完璧なフレームワークで、一人か二人で考えを凝縮していく作業に使いやすいとのこと。

踏むべき手順は以下の通り。

・発見する（discover）
・定義する（define）
・発展させる（develop）
・提供する（delivery）

オードリーは「問題を話し合い」、「立場や経験の違う人々に共通する価値観を探し」、「誰も犠牲にならない方法を探し」、そして「これまでになかったような解決方法を出す」という4段階があり、民主主義においては特にこの「共通価値を探す」ということが飛ばされてはならないと強調した。

ブレインストーミングのように、様々な意見を出し合う時のことも教えてもらった。

ＫＪ法

「考えを発散する時には、日本の文化人類学者の川喜田二郎さん（故人。東京工業大学名誉教授）が発明したＫＪ法がとても便利です。まずは討論をせず、一人一人がそのテーマに関して望むこと、心配していることなどを付箋などに書き出します。書き出した付箋をホワイトボードなどに貼って属性ごとにまとめるなど、整理することができます」

〈ラフなコンセンサス〉と〈ランニングコード〉

オードリーが大臣として取り組み、素晴らしい成果を上げている〈総統杯ハッカソン〉では、まずは国民が法律と予算の制限を考えずに理想の方法を探り、出した結論を官僚や有識者らが法律や予算、技術方面から検討し、実行に移すという流れができている。

フレームワークからは少し外れるが、この流れの中でオードリーから教わったポイントが、〈ラフコンセンサス（大まかな合意）〉と〈ランニングコード（動かしながら実証していく）〉という、インターネットの技術企画を決定する団体ＩＥＴＦの考え方だ。

この概念は主にＩＴ業界に存在するものではあるが、私には、台湾には業界を超えて非常にフレキシブルな土壌があるように思えてならない。商品やサービスを作るにも、7割程度の完成度でとりあえず市場に出してみて、反応を見ながらものすごいスピードで調整し、より多くを売ろうとする。

プロセスよりも実を大事にするのは、商売人が多いからというのもあるかもしれない。完璧な完成度に到達してから市場に出すというのは日本の良さでもあるが、もう少し柔軟性を取り入れても良いのではと思うことも多い。よって、この考え方は日本にとっても大いに参考になるのではないだろうか。

ポモドーロ・テクニック

オードリーが実践している集中力を高める時間管理術として〈ポモドーロ・テクニック〉がある。考案者であるイタリア出身のコンサルタント、フランチェスコ・シリロの公式サイトによれば、手順は以下の4つ。ポモドーロとはトマトのことで、シリロが愛用していたトマト型のキッチンタイマーにちなんでこの名が付けられたという。

1・実行したいタスクを選ぶ
2・タイマーを25分間セットする
3・タイマーが鳴るまでタスクに取り組む
4・タイマーが鳴ったら紙にチェックマークを付ける
5・少し休憩する

6・4セットごとに、長めの休憩を取る

タスクに取り組む間はできるだけ中断しないように集中し、休憩は5分ほどするのがコツだという。

インスピレーションはどこから?

大臣として働くオードリーのもとでは、大きな責任を伴うプロジェクトがいくつも同時並行で進行している。彼女の仕事は異なる省庁やシステムを横断するものも多く、時間のプレッシャーとも戦いながらそれらを解決するのは決して容易なことではない。では、彼女のソーシャル・イノベーションのインスピレーションはどこから湧いてくるのだろう?

オードリーの場合、その源は、散歩でも読書でもなく、睡眠だと言う。

「散歩や読書は生活リズムを維持するための習慣ですが、インスピレーションの源は睡眠です。やり方はとてもシンプルで、寝る前、解決したい問題に関連する資料を読み込みます。この時はただ頭に入れるだけで、何も考えずに、ただただページを素早くめくります。そのまま眠りにつくと、翌朝起きた時には答えが出ているのです」

呆気に取られた私は「それは、あなたが天才だからでは？　普通の人間には真似できない……」とまごついてしまったが、彼女は大真面目だ。

「これは私だけに有効な方法ではなく、人間なら誰しもに備わった脳の働きです。私たちの脳は、眠っている時にその日経験したすべてのことから重要事項を導き出し、脳の中でそれらを何回も繰り返し映し出します。それが途中で中断されると夢を見ます。中断されなかった場合は自分が夢を見ていたことを覚えていないかもしれませんが、人は誰しも、こうして長期的な記憶を形成しています。記憶のポイントを描けなければ記憶は曖昧になりますが、描くことができれば、後に思い出したい時にすぐその記憶を呼び出すことができます。睡眠不足の学生が暗記に多くの時間を費やしても意味が無いのは、このためですね。

これについて練習が必要であるとすれば、それらの資料を読み込んでいる間は、何も判断をしてはならないということです。読みながら感情を出してしまうと、続けて見た資料も、その感情に引きずられてしまいます。イノベーションには既存の考えとはまったく違う角度から物事を捉えることが必要ですし、それに最初の資料で結論が浮かんでしまうと、後に見る資料をあまりきちんと読み込まなくなってしまいますよね。ですから心の声を出さず、判断せずに読み終えることです。これは人の話を聴いている時も同じです」

確かにインタビュー中のオードリーは、スマートフォンを見たりせず、いつも真っ直ぐ私の目を見て話を聴いてくれる。私の拙い中国語はすべてが通じているわけではないはずだが、それでも忍耐強く聴いてくれる。彼女は、誰に対してもそのように対応している。そして、相手の話を聴き終わるまでは頭の中で答えを出さず、すべてを完璧に聴き終わってから頭の中で自然に出た答えを話すようにしているそうだ。

「誰かから意見が出された時、考える余裕も無くすぐ判断してしまったら、それは私の考えではなく、相手の考えに反応しているだけなのです。一人一人の心では、受け止められる事柄も量も異なります。中国語の諺に『關心則亂《グワンシン・ズルゥアン》』というものがあります。関心を持つと、その分、心が乱れるといった意味です。逆に、関心を持たなければ心が乱れることもありません。たくさんの意見が様々な方向から出た場合に特に言えることですが、大切なのは、心の中にゆとりを保てるスペースを持っておく

ことです」

オードリーは、これまでも今現在も、バックグラウンドが異なる多くの人々と共に働いてきた。300人の公務員に対してオープンガバメントの働き方を教えたり、法規を討論する〈vTaiwan〉のプロジェクトでは利害関係者が共に法改正について討論し、大まかな合意に到達する必要がある。そんな時にまず、彼女は「**ここではこのフレームワークを使いましょう**」と言って、その場に最も適したフレームワークを紹介する。台湾の人々が素晴らしいと思うのは、そんな時に「そのフレームワークには欠点がある云々……」などとは言わず、素直にやってみる姿勢を持っていることだ。しかも皆が「せっかくやるなら楽しくやろう」「成功させよう」という態度で臨むから、物事を前に進めることができている。

そんな彼らを見習って、私も「自分にはできない」と思わず、とりあえず楽しんで教わったことを実際に試してみることから始めたいと思う。

8 デジタル担当大臣の一日

オードリーは２０１６年の入閣直後に受けたテレビ番組のインタビューで、「史上初」という言葉を使って自己紹介をするよう求められた時、「史上初、自らのオフィスをオープンスペースにして、誰もが来られるようにした大臣」と答えている。それこそが〈ソーシャル・イノベーションラボ〉内にある彼女のオフィスのことだ。第３章で紹介したように、オードリーは、毎週水曜に一般開放（インターネット予約制）され、誰でも会いに行けるようになっている。そして、毎週できるだけ地方各地へ赴き、ソーシャル・イノベーションの現場を自分の目で見るようにしている。

では実際のところ、デジタル担当大臣のオードリーはどのような日々を過ごしているのだろう？ちょっぴりミーハーではあるが、本章の最後に、彼女の一日を覗いてみよう。その行動から彼女の信念が透けて見えてくるはずだ。

オードリーのとある一日

○午前7時／起床

自宅、または自宅から徒歩約15分の〈ソーシャル・イノベーションラボ〉へ出勤し、朝一番は主に北アメリカ・南アメリカ方面との仕事をこなす。仕事時のファッションとして、これまではグレーや白、黒といった色を着ることが多かったオードリーだが、最近の彼女は深いブルーを好んで着るようになった。これはSDGsの目標の一つである「パートナーシップで目標を達成しよう」の色にちなんでおり、関連のイベントに参加したり現場に行く際に、その場にマッチするからだと言う。

出勤途中の道すがら、市民たちからは一緒に写真を撮りたいと求められることが多く、フレンドリーにそれに応じるため、通勤時間が長くかかることもある。

出勤中のオードリー。自ら出勤する様子を紹介したYouTube動画より。

行政院の中央ビルは日本統治時代には台北市役所だった。現在は国定古跡に指定されている。

○午前9時／専用車で行政院へ出勤

週の半分程度、会議などがある際には行政院に出勤する。ちなみに行政院内は午前9時から午後5時の規定勤務時間以外はエアコンがつかない（それでもオードリーは朝8時や午後5時過ぎのまだ暑い中で、取材に応えてくれた）。

○正午／週次定例会

毎週月曜の昼は、メンバーたちと行政院の会議室でお弁当を食べながら週次の定例会を行う。お弁当は、全員分まとめて準備されている。オードリーは、できるだけベジタリアン食を心がけている。卵と牛乳、貝類はＯＫ。スイーツは、ゆっくり時間をかけて少しずつ食べていた。

ある時、取材と取材の合間で「今日はランチをとる時間は無さそうだ」と言っていたことがある。

スケジュールはすべて秘書たちが管理しているのだが、会議や取材が長引いたり、場所を移動したりしていると、そういった状況になってしまう。私が見たオードリーはいつも、分刻みで仕事をこなしていた。そんな彼女が健康のために大切にしているのは、「水分をたっぷり摂ること」

また、行政院敷地内の別棟にある購買部（中国語で「福利社」）でランチを買うこともあるそうだ。以前のインタビュー時には、直々に案内してくれた。こちらは一般客も入ることができる。

ランチを食べながら週次定例会に参加するオードリー。

行政院敷地内にある購買部

○午後5時 〈ソーシャル・イノベーションラボ〉のオフィスへ

日本統治時代の台湾総督府工業研究所で、その後は台湾の空軍司令部が置かれた歴史的な場所にラボはある。現在では当時の建物をリノベーションし、アート施設などが作られ一般開放されている。

オードリーはここで、午後5時から2時間ほどはアフリカとヨーロッパ方面の仕事をする。夕食はそのままここで食べたり、自宅に戻った後に食べたりする。上の写真に掛け軸があるのが見えるだろうか。「對聯《ドゥイリエン》」という中華圏の建物の装飾文化で、対句になっている掛け軸を並べる風習がある。これは、中華書畫装裱推進研究会から寄贈されたもので、一対の詩の頭文字を合わせると、彼女の名前「唐鳳」になる。

オードリーと共に働くスタッフ。上の写真中央が第3章で紹介した秘書の一人・彭筱婷。その左側にいるのはオードリーの撮影を担当している簡孝樺。

ラボは一般開放されており、キッチンや地下のイベント会場など、設備も充実している。

○午後7時〜8時頃　徒歩で帰宅

就寝前にすべてのメールに返事をする。

○午後10時／就寝

彼女が社会貢献のために最も大事にしているのは、睡眠時間を少なくとも8時間は確保すること。眠る前に音楽を聞いたり、瞑想したりすることもある。先にも書いたが、仕事上で何か企画が必要な際は、関連する資料を読み込んでから寝ると、朝には答えが出ているという。

自分の時間の使い方

オードリーに、時間の使い方についていくつか質問をした。

――週末はどんな過ごし方をしていますか？

「特に平日と休日といった区別はありません。週末にはイベントがあったりしますし、平日と同じように〈ソーシャル・イノベーションラボ〉へ行ったりもします。唯一違うのは、日曜は2週に一度

は、家族との時間に当てています。台北市郊外の新北市・淡水にある実家に戻ったり、ビデオ通話で話したりします。それ以外はあまり変わりません」

――資料や論文はいつ書いていますか？

「平日の仕事終わりや週末など、自宅で一人の時間に書いています。

また、立法院の總質詢（日本の国会質問に相当）に、行政院長を精神的に応援するお役目で出席しますが、そこで私が壇上に呼ばれることはありません。ですからその時間に論文を審査する仕事をしたり、私が過去に開発し、現在でもメンテナンスを担当しているオープンソースのスプレッドシート〈EtherCalc〉の作業をしたりしています。絶対に誰にも話しかけられませんし、冷房が効いていて、ネットは安定しています。ある意味で最高の環境と言えるでしょう」

――取材や講演を受ける時、何か条件は出していますか？

「二人の直属秘書と、海外の外交的なものに関しては外交部のスタッフが窓口になってスケジュール管理をしてくれています。基本条件に反していなければ、私から何か口を出すことはありません」

オードリーが会議・面会・メディア取材や登壇などに参加する際の基本条件は、次の二つだ。

1 全過程を録音または録画、議事録などによって記録し、公開すること。

面会や取材を申し込んだ側は、これらの記録に関する著作権を放棄せねばならず、公開された情報を参考に、誰もが二次コンテンツを作成して良いとされる。また、相手が映像を撮る場合はオードリー側も映像を撮る。

2 他の誰かにとっても役に立つものであること。

自分一人のためだけにオードリーに教えやアドバイスを請うような依頼は受け付けていない。例えば私の取材の過程でオードリーが答えた言葉が、他の誰かにとってもまた別の角度で役に立つことがあり得るということを、彼女はよく知っているのだ。

ちなみに、以前、直属秘書の黄子維《ファン・ズーウェイ》からこんな話を聞いたことがある。

「彼女は非常に温厚で、スタッフに対して怒ることがまったくないので仕事がしやすい。ただ頭が良すぎて何を言っているのかわからないことがあり、たまに言い合いになる時もあります。でも、あとから彼女が言っていた意味がわかるのです」

――多くの依頼が来る中で、優先順位はどのように判断していますか？

「深夜0時から朝の7時までは何も受けられません。それは睡眠が不足すると私は何も貢献することができなくなるからです。そのため、時差がある国だと、私が対応できる時間が短くなります。その点、日本はタイムゾーンが台湾と近いので、受けられる時間が多くなります。日本が掲げた外交政策に、『自由で開かれたインド太平洋』というものがあるように、日本と台湾は近隣住民であり、物理的な距離だけでなく、心理的な距離が近いことも影響しているでしょう」

筆者がいつも助けられている、オードリー直属の秘書のうちの一人、黃子維。

――時間管理の秘訣は？

「この件は誰に任せるのが最適なのか？　という判断も含めて他人に任せるという〈delegate the work

of delegation〉ですね。自分がすべきことに集中し、その価値を上げることができます」

オードリーを取材していると、台湾人の友人たちからよく「オードリーさんは日本ですごい人気だね。どうしてなの？」と訊かれる。

私なりに考えてみたが、日本の政府には今のところ彼女のように垣根無く、誰も置き去りにせず、ソーシャル・イノベーションを用いて社会の問題を解決するような人物がおらず、ただただ、眩しく見えるからではないだろうか。

一方、日本からは「オードリーさんを、日本のデジタル庁に呼びたい」といった声を頂くことが多い。もちろん、それ自体は素敵なことだと思う。

けれど、インターネットさえあれば、日本からオードリーにアドバイスを請う方法はいくらでもあるし、それよりも社会のそこかしこに「小唐鳳（小さなオードリー・タン）」を心に宿した「ハクティビスト」が増えるだけで、日本はかなり前進できるように思えてならない。

オードリーは、日本と台湾は心の距離が近いと思っている。彼女の心は、台湾と共に、世界に向けていつも開かれている。

カバー／章扉写真
Photo：Kaii Chiang
Styling：Joyce Chang
Make：Po Tsang Ho
Hair：Hyde Lin
Director：Lydia Lu
Planning：Amber Cheng

おわりに

ここまで読んでくれたあなたに、心から感謝の気持ちをお伝えしたい。

ささやかなお礼として、この本がどのようにしてできたのかを〝種明かし〟してみたい。

正直に言うと、成長したわが子たちが大学生協の本棚の片隅でふと本書を見つけ、手に取っている姿を想像しながら、この本を書いてきた。

若く可能性に溢れ、でもそれだけに迷うことも多く、精神的にも成長期真っ盛りの彼らが、親ではなく本から生きるヒントを見つけるためには、どんな内容が必要だろう？　どう話したら聞いてくれるだろうか。オードリーを通じて、私は彼らにどんなことを伝えたいのだろう。

本書を書き始めた２０２０年の夏の終わりから今まで、そればかり考えてきた。

この本の主役・オードリーへのインタビューは、主に月曜の朝8時から2時間、行政院の彼女のオフィスで行なうことが多かった。オードリーは、それこそ昼食を食べる時間もないくらい忙しいのに、いつも快く取材に応えてくれた。私の拙い中国語を忍耐強く聞いてくれたし、原稿の確認や写真の提供など、あらゆることに協力してくれた。

毎日のようにやりとりをした日々が終わってしまうと思うと寂しくてたまらないが、私の心の中にはもう、「小さな唐鳳《オードリー・タン》」がいる。オードリーとの出会いが、私の価値観に大きな影響を与えてくれ、そのおかげでまた新しい仲間に出会ったり、新しい機会を得たりすることができた。彼女から教わったことを日本に届けることで、恩に報いたい。

そして、そんなオードリーと出会うきっかけを最高の形で与えてくれたのが、Yahoo!ニュース特集編集部の神田憲行デスクだ。数々の著書を持つノンフィクションライターでもある同氏に編集してもらったことで、インタビュー記事のクオリティが格段に上がり、それをYahoo!という日本最大級のポータルサイトで配信したおかげで、たくさんの方に読んでもらうことができた。恩師だと思っている。

「一冊一冊をていねいに作り、ていねいに届けます」とオファーをくださったブックマン社編集部の小宮亜里編集長に出会えたことも幸運だった。私は単独著書を出すのは初という駆け出しだというのに、かなり要望を汲んでくれたうえ、十年近く日本を離れて暮らしている私に「今の日本の読者視点」を補ってくれた。

私は駐在員との結婚を機に台湾へ移住した後、出産や離婚を経て、親戚のいない台湾で、およそ6

年間をシングルマザーとして過ごした。日本では出版社で編集職に携わっていたが、当時の状態だと早朝深夜や土日も関係なく取材・出張が必要な仕事をすることは、現実的に不可能だった。だから、時間と場所を選ばずに働くことのできるデジタルマーケティングに従事した。台湾人の夫と再婚してからは思う存分取材ができるようになったし、オードリーの取材にはデジタルマーケティング関連の経験が大きく役立った。

自分もそうだったから、時間的、あるいは金銭的な余裕がなく、社会のためにアクションを起こせずにいる人の気持ちが私にはよくわかる。でもアクションを起こさないと、自分がぶつかっている社会の構造的な問題は解決できないままだ。では、どうしたらいいのか。そのヒントをオードリーはたくさん教えてくれた。

本書の表紙写真及び各章の扉の写真は、台湾のファッション誌などで活躍するフォトグラファーの江凱維《ジャン・カイウェイ》(Kaii Chiang)らが手がけたものだ。

彼らは、「オードリーを撮ってみたい」と撮影を申し込み、オードリーは「撮影した写真に〈クリエイティブ・コモンズ・ライセンス（作品の利用を条件付きで公衆へと共有すること。以降、CCライセンスと記載）〉を付与するなら」とそのオファーを受けた。

ＣＣライセンスのもとで公表されたこの写真は、現在さまざまな場所で改変・再配布されているが、商用は対象外だ。そこで私は江凱維へ連絡し、商用での使用を申請した。彼の返事はこうだった。

「これらの写真はオードリーさんとＣＣライセンスを付与することを約束して撮らせてもらったものですから、私たちのチームはこれで利益を得るつもりはありません。あなたが商用で利用したいのなら、こちらが提案する金額を台湾の幼児関連のＮＧＯへ寄付して、その領収書をメールしてくれれば、それでいいですよ」

はじめにオードリーがＣＣライセンスの付与を条件にこのオファーを受けたことが起点となり、フォトグラファーらの才能によって素晴らしい写真が生まれた。その写真を使用したい私は、ＮＧＯに寄付を行なった。寄付した先のＮＧＯは、とても感激し、喜んでくれた。この一連の流れも、オードリーが生み出した一つのソーシャル・イノベーションだと私は思う。

「一人の天才を生むことは難しいが、一人一人の心に小さなオードリー・タンを宿そう」

あなたの心の中に、小さなオードリー・タンは生まれただろうか。

２０２１年１月　近藤弥生子

近藤弥生子（こんどう やえこ） 台湾在住の編集・ノンフィクションライター。1980年福岡生まれ・茨城育ち。東京の出版社で雑誌やウェブ媒体の編集に携わったのち、2011年に駐在員との結婚がきっかけで台湾へ移住。現地デジタルマーケティング企業で約6年間、日系企業の台湾進出をサポートする。台湾での妊娠出産、離婚、6年間のシングルマザー生活を経て、台湾人と再婚。独立して2019年に日本語・繁体字中国語でのコンテンツ制作を行う草月藤編集有限公司を設立。雑誌『&Premium』『Pen』で台湾について連載中。
ブログ「心跳台湾」www.yaephone.com
Twitter & Instagram：yaephone

Special thanks
オードリー・タンさん
蔡玉玲さん　高嘉良さん　吳展瑋さん　黃子維さん　彭筱婷さん　薛雅婷さん　高譽真さん
江凱維さん　Whoscallの皆様　透明足跡・曾虹文さん　聶永真さん　神田憲行さん
片倉佳史さん・真理さん　田中美帆さん　青木由香さん　おきらく台湾研究所さん
武市美穂さん　いつも応援してくれる皆様　陳泰全　荘太　悠真

オードリー・タンの思考　IQよりも大切なこと

2021年2月22日　初版第一刷発行
2021年5月25日　初版第四刷発行

著　者　　近藤弥生子

カバー・章扉写真　江凱維（Kaii Chiang）
カバーデザイン　秋吉あきら

編　集　　小宮亜里　黒澤麻子
営　業　　石川達也

発行者　　田中幹男
発行所　　株式会社ブックマン社　http:// www.bookman.co.jp
〒101-0065　千代田区西神田3-3-5
TEL 03-3237-7777　FAX 03-5226-9599
ISBN　978-4-89308-940-3
印刷・製本　凸版印刷株式会社